Curso
MAD360

*La diferencia entre aprobar
y sacar plaza*

Celador/a

AF212328

SERVICIO ARAGONÉS DE SALUD

Si aún no dispones de tu **Curso MAD360**, te ofrecemos un acceso GRATIS de 30 días para que disfrutes de los siguientes recursos:

- Técnicas de Memoria 360.
- MADTEST: Test *online* Nivel PRO.
- Temario en formato digital.
- Vídeos.
- Esquemas.
- Planificación de estudio.
- Foro entre opositores hasta la fecha del examen.*
- Recursos y novedades exclusivas.
- Consulta sobre la oposición y el proceso selectivo.
- Actualizaciones legislativas (Boletines Oficiales) hasta 60 días antes de la fecha del examen.*

Para acceder a esta prueba del Curso MAD360** será necesaria la compra de todos los libros para esta especialidad de la edición 2025.

Regístrate en **mad.es/iniciar-sesion** y en la pestaña BIBLIOTECA valida los códigos que encuentras en la última página de tus libros.

NOTA IMPORTANTE:

* Examen de esta categoría profesional correspondiente a la convocatoria publicada en el BOA n.º 18, de 28 de enero de 2025, o hasta el 31 de marzo de 2026, lo que se cumpla antes, y previa renovación del servicio.

** El acceso al CURSO MAD360 estará disponible desde marzo de 2025 (algunos recursos podrían estar disponibles en fecha posterior). Tendrá una duración de 30 días RENOVABLES mediante pago, desde la validación de códigos, o hasta el 30 de septiembre de 2026, lo que se cumpla antes.

MAD se reserva el derecho a ampliar dichas fechas.

Celador/a del Servicio Aragonés de Salud

Marzo, 2025

0323-01X-0-0-0325

Celador/a del Servicio Aragonés de Salud

Test del Temario

Autores

ENCARNA ROJO FRANCO
Autora de Libros de Texto: Oposiciones y Certificados de
Profesionalidad
Profesora de Derecho Público

JOSÉ LUIS GARRIDO VELA
Licenciado en Derecho

ÁLVARO GARDÓN FERNÁNDEZ
Técnico Especialista
Celador

MIGUEL ÁNGEL ESTÉVEZ FERNÁNDEZ
Jefe de Personal Subalterno

HERMINIA ANDRADES ROMERO
Diplomada en Fisioterapia
Técnico Superior en Imagen para el Diagnóstico

JUAN MANUEL GIL RAMOS
Licenciado en Medicina
Master en Salud Ambiental
Médico Puericultor

M.ª DEL CARMEN SILVA GARCÍA
Diplomada Universitaria en Enfermería
Técnica Especialista de Laboratorio

M.ª JOSÉ GARCÍA BERMEJO
Licenciada en Biología
Técnico Superior en Laboratorio de Diagnóstico Clínico

LIDIA PONCE MARTÍNEZ
Licenciada en Psicología

© 7 Editores Recursos para la Cualificación Profesional y el Empleo, S.L. (7 Editores)
© Los autores
Primera edición, marzo 2025 (148 páginas)
Derechos de edición reservados a favor de 7 Editores
IMPRESO EN ESPAÑA
Diseño Portada: 7 Editores
Edita: 7 Editores
Avda. San Francisco Javier, 9 · Edificio Sevilla 2 · Planta 11 · Módulos 25-27 · 41018 Sevilla
Teléfono: 954 784 411 · WEB: www.mad.es · e-mail: administracion@7editores.com
ISBN: 978-84-142-9286-0
© "Editorial Mad" y "Eduforma" son nombres comerciales registrados de
7 Editores Recursos para la Cualificación Profesional y el Empleo, S.L.

Queda rigurosamente prohibida la reproducción total o parcial de esta obra por cualquier medio
o procedimiento sin la autorización por escrito del editor.

Índice

TEST MATERIA COMÚN

TEST MATERIA ESPECÍFICA

Materia Común

La Constitución Española de 1978: Principios fundamentales. Derechos y deberes fundamentales de los ciudadanos. La protección a la salud en la Constitución. La Corona. Las Cortes Generales. El Gobierno de la Nación. El Poder Judicial

1. ¿En qué se fundamenta la Constitución Española?

a) En un Estado social y democrático de Derecho.
b) En la indisoluble unidad de la Nación española.
c) En la independencia de los poderes del Estado.
d) En la organización territorial del Estado.

2. Según el artículo 3 de la CE, el castellano es la lengua oficial del Estado y todos los españoles:

a) Tienen el deber de usar y el derecho de conocer el castellano.
b) Tienen el derecho y el deber de conocer el castellano.
c) Tienen el deber de conocer y el derecho de usar el castellano.
d) Tienen el derecho de conocer y usar el castellano.

3. La Constitución Española reconoce y garantiza el derecho a la autonomía:

a) De las nacionalidades que la integran.
b) De las regiones que la integran.
c) De las Comunidades Autónomas que la integran.
d) De las nacionalidades y regiones que la integran.

4. El Preámbulo de la Constitución:

a) Tiene en sí carácter de norma jurídica.
b) Es una declaración de intenciones, destinada a interpretar lo que se quiere alcanzar con el contenido normativo de la Constitución.
c) Se trata de un texto sin fuerza jurídica de obligar.
d) Las respuestas b) y c) son correctas.

5. Dispone la Carta Magna que todos contribuirán al sostenimiento de los gastos públicos de acuerdo con su capacidad económica mediante un sistema tributario justo inspirado en los principios de:

a) Legalidad y equidad.
b) Igualdad y progresividad.
c) Publicidad y legalidad.
d) Eficacia y sostenibilidad.

6. ¿En qué parte de la Carta Magna se establece la exposición de motivos que impulsan la norma constitucional y los objetivos que con ella se pretenden alcanzar?

a) En el Título Preliminar.
b) En el Preámbulo.
c) En el Título I.
d) En el Título II.

7. La Constitución Española fue sancionada por:

a) El Rey.
b) El Presidente del Congreso.
c) Las Cortes Generales.
d) El Presidente del Gobierno.

8. ¿Cuáles de los siguientes españoles de origen pueden ser privados de su nacionalidad?

a) Exclusivamente los miembros de grupos terroristas.
b) Los miembros de grupos terroristas y los que atenten contra el Rey u otro miembro de la Casa Real.
c) Los que atenten contra un miembro de la Familia Real o del Gobierno de la Nación.
d) Ningún español de origen podrá ser privado de su nacionalidad.

9. Según la CE son fundamentos del orden político y la paz social:

a) La dignidad de la persona, los derechos violables que les son inherentes y el respeto a la ley.
b) La dignidad de la persona, el desarrollo limitado de la personalidad y el respeto a la ley.
c) El respeto a la ley, a los reglamentos administrativos y demás disposiciones legales.
d) La dignidad de la persona, los derechos inviolables que le son inherentes, el libre desarrollo de su personalidad, el respeto a la ley y a los derechos de los demás.

10. ¿Cuál de los siguientes es considerado por la CE como uno de los valores superiores del ordenamiento jurídico?

a) La jerarquía normativa.
b) El pluralismo político.
c) La publicidad normativa.
d) La equidad.

11. La forma política del Estado español es:

a) Democracia parlamentaria.
b) Gobierno parlamentario.
c) Monarquía parlamentaria.
d) República democrática.

12. ¿Cuántos Senadores corresponderán a Menorca?

a) 1.
b) 2.
c) 3.
d) 4.

13. Según la CE, la soberanía nacional:

a) Corresponde a las Cortes Generales, al estar compuestas por los representantes del pueblo.
b) Corresponde al Rey.
c) Reside en el pueblo español.
d) Corresponde al Gobierno de la Nación elegido directamente por el pueblo.

14. El derecho a la propiedad en nuestra Constitución es un Derecho:

a) Inherente a la condición humana.
b) Absoluto.
c) Limitado por la función social de la misma.
d) Ninguna de las respuestas anteriores es correcta.

15. ¿En qué parte de la Carta Magna se señalan los valores superiores del ordenamiento jurídico?

a) En el Preámbulo.
b) En el Título Preliminar.
c) En el Título I.
d) Ninguna respuesta es correcta.

16. ¿Cuál de las siguientes es una de las características de nuestra Constitución de 1978?

a) Consensuada.
b) Corta.
c) Conservadora.
d) Originalidad.

17. El Gobierno de la Nación, en relación con los Presupuestos Generales del Estado:

a) Los aprueba.
b) Los convalida.
c) Aprueba su Proyecto de Ley.
d) Los ratifica.

18. ¿Qué quedará excluido de extradición?

a) Los delitos criminales.
b) Los delitos políticos.
c) Los actos de terrorismo.
d) Ninguno.

19. ¿Qué debe ser democrático, a tenor de lo dispuesto en la Constitución Española, en los sindicatos de trabajadores y las asociaciones empresariales?

a) Su funcionamiento.
b) Su estructura interna.
c) Su funcionamiento y estructura interna.
d) Sus órganos asamblearios.

20. ¿De cuántos Capítulos consta el Título I de la CE de 1978?

a) De tres.
b) De cinco.
c) De dos.
d) De cuatro.

En MADTEST tienes **más preguntas de este tema** y todos tus avances quedan registrados y se reflejan en el ranking.

¡Supera tus límites con MADTEST!

Solución al test n.º 1

1. b) En la indisoluble unidad de la Nación española.

2. c) Tienen el deber de conocer y el derecho de usar el castellano.

3. d) De las nacionalidades y regiones que la integran.

4. d) Las respuestas b) y c) son correctas.

5. b) Igualdad y progresividad.

6. b) En el Preámbulo.

7. a) El Rey.

8. d) Ningún español de origen podrá ser privado de su nacionalidad.

9. d) La dignidad de la persona, los derechos inviolables que le son inherentes, el libre desarrollo de su personalidad, el respeto a la ley y a los derechos de los demás.

10. b) El pluralismo político.

11. c) Monarquía parlamentaria.

12. a) 1.

13. c) Reside en el pueblo español.

14. c) Limitado por la función social de la misma.

15. b) En el Título Preliminar.

16. a) Consensuada.

17. c) Aprueba su Proyecto de Ley.

18. b) Los delitos políticos.

19. c) Su funcionamiento y estructura interna:

20. b) De cinco.

TEST N.º 2

El Estatuto de Autonomía en Aragón. Principios informadores. Estructura y contenido. La organización institucional de la Comunidad Autónoma. Las Cortes y el Justicia de Aragón. Las competencias de la Comunidad de Aragón con especial referencia a las relativas a sanidad

1. Los poderes de la Comunidad Autónoma de Aragón emanan:

a) Del pueblo Aragonés y del Español.
b) Del Pueblo Aragonés y del Estatuto de Autonomía.
c) Del pueblo Aragonés y de la Constitución.
d) De la Nación Aragonesa.

2. La Constitución define los Estatutos de Autonomía como:

a) La norma fundamental de la Comunidad Autónoma.
b) La norma Institucional básica de cada Comunidad Autónoma que el Estado reconoce y ampara como parte integrante de su Ordenamiento Jurídico.
c) La norma Institucional básica de cada Comunidad Autónoma de su Ordenamiento Jurídico Especifico.
d) La norma fundamental de cada Comunidad Autónoma amparada por el Estado.

3. ¿Qué rango normativo tiene el Estatuto de Autonomía de Aragón?

a) Ley Orgánica.
b) Ley de Bases.
c) Ley.
d) Decreto-Ley.

4 ¿Cómo se define a Aragón en el Estatuto de Autonomía?

a) Nacionalidad.
b) Nación.
c) Nacionalidad Histórica.
d) Realidad nacional.

5. ¿Quiénes gozan de la condición política de aragoneses?

a) Los ciudadanos españoles.

b) Los ciudadanos españoles que tengan la vecindad administrativa en cualquier de los municipios de Aragón o cumplan los requisitos que la legislación pueda establecer.

c) Todos aquellos que tengan vecindad en cualquiera de los municipios de Aragón.

d) Los ciudadanos españoles que tengan vecindad administrativa en cualquier de los municipios de Aragón.

6. Según el Estatuto de Autonomía, los derechos y libertades de los Aragoneses y Aragonesas son:

a) Los reconocidos en la Constitución, los incluidos en la declaración universal de los Derecho Humanos y en los demás instrumentos internacionales de protección de los mismos suscritos y ratificados por España, así como los establecidos en el ámbito de la Comunidad Autónoma por el Estatuto.

b) Los reconocidos en la Constitución, los incluidos en la Carta de Derechos de la Unión Europea y en los demás instrumentos internacionales de protección de los mismos suscritos y ratificados por España, así como los establecidos en el ámbito de la Comunidad Autónoma por el presente estatuto.

c) Los reconocidos en la Constitución, los incluidos en la declaración universal de los Derecho Humanos y en los demás instrumentos internacionales de protección de los mismos suscritos y ratificados por Aragón.

d) Ninguna es correcta.

7. ¿Cómo se estructura el articulado del Estatuto de Autonomía de Aragón?

a) En un preámbulo, nueve títulos, seis disposiciones adicionales, cinco disposiciones transitorias, una disposición derogatoria y una disposición final.

b) En un título preliminar y nueve títulos.

c) En nueve títulos, cinco disposiciones adicionales y una disposición derogatoria.

d) En diez títulos, seis disposiciones adicionales y una disposición final.

8. ¿A quién es aplicable del Derecho Foral Aragonés?

a) A los residentes en Aragón.

b) A los que ostenten la vecindad civil aragonesa residentes en Aragón.

c) A los españoles residentes en Aragón.

d) A los que ostenten la vecindad aragonesa independientemente del lugar de su residencia.

9. Aragón se estructura territorialmente en:

a) Municipios, Comarcas y Provincias.

b) Provincias.

c) Provincias y Municipios.

d) Provincias y Comarcas.

10. El territorio de la Comunidad Autónoma se corresponde:

a) Con el de las provincias de Zaragoza, Huesca y Teruel.
b) Con el de las comarcas de Aragón.
c) Con el histórico de Aragón comprendiendo el de los municipios, comarcas y provincias de Huesca, Teruel y Zaragoza.
d) Con el de los municipios de Aragón.

11. No es un principio político y administrativo derivado de la Constitución en relación con el Estatuto de Autonomía de Aragón:

a) Principio de unidad coordinación y cooperación institucional.
b) Principio de equilibrio territorial.
c) Principio democrático.
d) Principio de exclusividad del derecho estatal.

12. Según el Estatuto de Autonomía de Aragón los derechos, libertades y deberes de los Aragoneses y Aragonesas son:

a) Los establecidos en la Constitución y en la Declaración Universal de los derechos del Hombre.
b) Los establecidos en la Constitución y en el propio Estatuto de Autonomía de Aragón.
c) Exclusivamente los establecidos en el Estatuto de Autonomía de Aragón.
d) Todos son correctos.

13. En relación con la salud, ¿a qué tienen derecho los usuarios del sistema público de salud según el Estatuto de Autonomía de Aragón?

a) A la libre elección de médico y centro sanitario, en los términos que establecen las leyes.
b) A acceder a los Servicios Públicos y Privados de Salud.
c) A acceder a los Servicios Públicos de Salud en condiciones de igualdad.
d) A la asistencia sanitaria gratuita.

14. ¿Quiénes tienen derecho, según el Estatuto de Autonomía de Aragón, al acceso en condiciones de igualdad a unos Servicios Públicos de calidad?

a) Todos los ciudadanos.
b) Los españoles y ciudadanos europeos.
c) Todas las personas.
d) Los ciudadanos españoles y extranjeros.

15. La ordenación y organización de los servicios de justicia gratuita y orientación jurídica gratuita en el territorio de Aragón corresponde:

a) A la Comunidad Autónoma de Aragón.
b) Al Estado.

c) Al Consejo General del poder Judicial.
d) Al ministerio de Justicia.

16. Son instituciones de la Comunidad Autónoma de Aragón:

a) Las Cortes y el Justicia.
b) El Presidente.
c) El Gobierno o la Diputación General.
d) Todas las anteriores lo son.

17. El Presidente del Tribunal Superior de Justicia de Aragón es nombrado:

a) Por el Presidente de Aragón a propuesta del Consejo General del Poder Judicial.
b) Por el Rey a propuesta del Presidente de Aragón.
c) Por el Presidente del Gobierno de España a propuesta del Consejo de Justicia de Aragón.
d) Ninguna de las anteriores es correcta.

18. Las Cortes de Aragón son:

a) Soberanas.
b) Inviolables.
c) Independientes.
d) Autónomas.

19. ¿A quién corresponde el examen, enmienda, aprobación y control del presupuesto de la Comunidad Autónoma de Aragón?

a) A las Cortes de Aragón.
b) Al Gobierno de Aragón.
c) A las Cortes Generales.
d) Al Gobierno de España.

20. Según el Estatuto de Autonomía de Aragón la iniciativa legislativa corresponde:

a) A los miembros de las Cortes de Aragón y al Gobierno de Aragón.
b) A los miembros de las Cortes de Aragón y al Congreso de los Diputados.
c) Al Gobierno de España y al Gobierno de Aragón.
d) A las Cortes de Aragón y al Senado.

En MADTEST tienes **más preguntas de este tema** y todos tus avances quedan registrados y se reflejan en el ranking.

¡Supera tus límites con MADTEST!

Solución al test n.º 2

1. c) Del pueblo Aragonés y de la Constitución.

2. b) La norma Institucional básica de cada Comunidad Autónoma que el Estado reconoce y ampara como parte integrante de su Ordenamiento Jurídico.

3. a) Ley Orgánica.

4. c) Nacionalidad Histórica.

5. b) Los ciudadanos españoles que tengan la vecindad administrativa en cualquiera de los municipios de Aragón o cumplan los requisitos que la legislación pueda establecer.

6. a) Los reconocidos en la Constitución, los incluidos en la declaración universal de los Derecho Humanos y en los demás instrumentos internacionales de protección de los mismos suscritos y ratificados por España, así como los establecidos en el ámbito de la Comunidad Autónoma por el Estatuto.

7. b) En un título preliminar y nueve títulos.

8. d) A los que ostenten la vecindad aragonesa independientemente del lugar de su residencia.

9. a) Municipios, Comarcas y Provincias.

10. c) Con el histórico de Aragón comprendiendo el de los municipios, comarcas y provincias de Huesca, Teruel y Zaragoza.

11. d) Principio de exclusividad del derecho estatal.

12. b) Los establecidos en la Constitución y en el propio Estatuto de Autonomía de Aragón.

13. a) A la libre elección de médico y centro sanitario, en los términos que establecen las leyes.

14. c) Todas las personas.

15. a) A la Comunidad Autónoma de Aragón.

16. d) Todas las anteriores lo son.

17. d) Ninguna de las anteriores es correcta.

18. b) Inviolables.

19. a) A las Cortes de Aragón.

20. a) A los miembros de las Cortes de Aragón y al Gobierno de Aragón.

TEST N.º 3

Población, geografía y territorio en Aragón. Desequilibrios demográficos en Aragón. Magnitudes más relevantes de la economía aragonesa. Evolución reciente de la actividad económica en Aragón

1. En relación con las definiciones que la Ley de la Administración Local y la Ley de Comarcalización de Aragón establecen sobre territorio y población, señala la alternativa de respuesta incorrecta:

a) El conjunto de vecinos constituye la población del municipio.

b) Son vecinos de un municipio las personas que residen habitualmente en el mismo, se encuentren o no inscritas en el padrón municipal.

c) El término municipal es el ámbito territorial en el que ejerce sus competencias el municipio.

d) El territorio de cada comarca deberá coincidir con los espacios geográficos en que se estructuren las relaciones básicas de la actividad económica y cuya población esté vinculada por características sociales, historia y tradición comunes que definan bases peculiares de convivencia.

2. La ordenación del territorio es una materia:

a) De competencia compartida entre el Estado y la Comunidad Autónoma de Aragón.

b) De competencia ejecutiva de Aragón.

c) De competencia exclusiva de la Comunidad Autónoma de Aragón.

d) De competencia concurrente entre el Estado y Aragón.

3. ¿En qué disposición se encuentra regulada la función pública de ordenación del territorio en la Comunidad Autónoma de Aragón?

a) En el Decreto legislativo 1/2006, de 27 de diciembre.

b) En la Ley orgánica 5/2007, de 20 de abril.

c) En la Ley 4/2009, de 22 de junio.

d) En el Decreto legislativo 2/2015, de 17 de noviembre.

4. Determinados espacios de la Comunidad Autónoma requieren de una ordenación territorial específica, como ocurre con:

a) Los espacios que presentan densidades de población más bajas o altos índices de envejecimiento.
b) Los espacios vacíos.
c) Los antiguos espacios fronterizos.
d) Todas las respuestas anteriores son correctas.

5. ¿Cuál de las siguientes no constituye una estrategia de ordenación del territorio europeo?

a) El desarrollo territorial policéntrico y equilibrado y una nueva relación entre campo y ciudad.
b) Interdependencia y coordinación administrativa.
c) El acceso equivalente a las infraestructuras y al conocimiento.
d) La gestión prudente del patrimonio natural y cultural.

6. ¿Cuál de los siguientes enunciados está relacionado con la estrategia del desarrollo territorial policéntrico y equilibrado y una nueva relación entre campo y ciudad?

a) Se hace necesario incidir en los territorios que, en su dimensión comarcal, se encuentran en situación crítica debido a su baja densidad demográfica, donde se hace más necesaria, si cabe, la configuración de un nuevo equilibrio demográfico.
b) Parece necesario aprovechar la renta de situación aragonesa, impulsando sus comunicaciones con el resto de la Península Ibérica, así como con el centro de Europa a través de los Pirineos, e incrementar la accesibilidad de todas las comarcas.
c) Hay que articular un desarrollo sostenible de los recursos energéticos existentes, en particular de los recursos renovables, y evaluar los usos permitidos en relación con los riesgos naturales e inducidos y los impactos que esos usos puedan provocar en el territorio aragonés.
d) Se debe garantizar que la población pueda intervenir en aquellos instrumentos de planeamiento territorial que le afecten.

7. ¿Cuál de los siguientes no es un objetivo de ordenación territorial en Aragón?

a) Promover el desarrollo sostenible de la Comunidad Autónoma, haciendo compatible en todo su territorio la gestión, protección y mejora del patrimonio natural y cultural con la competitividad económica, el fortalecimiento de la cohesión social y el equilibrio demográfico.
b) Establecer condiciones de calidad de vida equivalentes para todos los habitantes de la Comunidad Autónoma con independencia de su lugar de residencia, haciendo efectiva la cohesión territorial y social.
c) Tutela ambiental, por medio de la protección activa del medio natural y del patrimonio cultural, con particular atención a la gestión de los recursos hídricos y del paisaje, y la evaluación de los riesgos naturales e inducidos.

d) Asignar racionalmente los usos del suelo en función de las aptitudes del medio físico y de las necesidades de la población, así como proporcionar criterios de interés general y social para la ubicación de las infraestructuras, los equipamientos y los servicios, fomentando la coordinación de los sectores implicados.

8. En relación con las estrategias de ordenación del territorio en Aragón, señala la respuesta incorrecta:

a) El policentrismo a través de la garantía de un acceso equivalente, eficaz y sostenible a infraestructuras, equipamientos, dotaciones y servicios, en especial mediante redes de transporte integrado, de tecnologías de la información y la comunicación y de difusión cultural.

b) La interdependencia y coordinación administrativa, basada en la evaluación y supervisión territoriales, prestando atención permanente a las entidades locales, así como al entorno territorial de Aragón, integrado por las Comunidades Autónomas limítrofes, el Estado, el ámbito de cooperación transfronteriza con las entidades territoriales francesas y la Unión Europea.

c) La accesibilidad, garantizando que la población pueda intervenir en aquellos instrumentos de planeamiento territorial que le afecten.

d) La tutela ambiental mediante el desarrollo de un sistema urbano equilibrado y policéntrico y de una asociación cooperativa e integrada entre los núcleos urbanos y los espacios rurales, fundamentada en la organización comarcal.

9. Según los Datos básicos de Aragón, ¿qué porcentaje de municipios están ubicados en zonas de montaña?

a) 9,4 %.
b) 40,1 %.
c) 60,3 %.
d) 1,1 %.

10. ¿En cuántas comarcas se organiza la administración comarcal de Aragón?

a) 33.
b) 41.
c) 50.
d) 36.

11. Según el Instituto Aragonés de Estadística, ¿qué porcentaje de la población aragonesa se concentra en las zonas urbanas?

a) 40,01 %.
b) 13,8 %.
c) 1,9 %.
d) 70,3 %.

12. ¿Cómo se califican a las zonas formadas por municipios de más de 10.000 habitantes?

a) Rurales.
b) Intermedias.
c) Urbanas.
d) Periurbanas.

13. Según el Instituto Aragonés de Estadística, ¿cuál es el tramo de edad con mayor presencia, tanto de mujeres como de hombres, en la población de Aragón?

a) De 35 a 54 años.
b) De 55 a 64 años.
c) De 65 a 84 años.
d) 85 y más años.

14. De la población extranjera empadronada en municipios aragoneses, ¿cuál es la procedencia que representa el porcentaje más elevado de extranjeros?

a) África.
b) Asia.
c) Europa.
d) América.

15. El fenómeno de la macrocefalia se refiere:

a) A la tenencia de saldo vegetativo negativo en Aragón.
b) A la superpoblación de los municipios próximos a la capital autonómica.
c) Al desequilibrio territorial.
d) Al envejecimiento de la población en las zonas con menor densidad de población.

16. A los efectos de la aplicación de la Ley 45/2007, de 13 de diciembre, para el desarrollo sostenible del medio rural en Aragón, cada comarca equivale a una zona rural. ¿Cuál de las siguientes comarcas tiene la consideración de zona rural a revitalizar?

a) Bajo Aragón.
b) Campo de Cariñena.
c) Tarazona y el Moncayo.
d) Ribera Alta del Ebro.

17. Según la Ley 45/2007, de 13 de diciembre, ¿cuál es una característica propia de las zonas rurales periurbanas?

a) Zonas en las que predomina el empleo en el sector terciario.
b) Zonas con una densidad de población media.
c) Zonas con escasa densidad de población.
d) Zonas con bajos niveles de renta.

18. En aplicación de la Ley 45/2007, ¿cuál de las siguientes comarcas no tiene la consideración de zona rural intermedia?

a) Hoya de Huesca.
b) Litera.
c) Aranda.
d) Valdejalón.

19. El Plan de Zona en el que se deja constancia de la estrategia de desarrollo rural establecida para esa comarca se aprueba:

a) Por el Gobierno de Aragón.
b) Por la Administración General del Estado.
c) Por las Entidades Locales implicadas.
d) Por el Gobierno de Aragón y la Administración General del Estado.

20. ¿Cuál de las siguientes constituye una causa del fenómeno de la despoblación en Aragón?

a) El crecimiento vegetativo negativo.
b) El abandono de los pueblos.
c) La elevada dispersión de la población.
d) El acceso a los servicios públicos.

En MADTEST tienes **más preguntas de este tema** y todos tus avances quedan registrados y se reflejan en el ranking.

¡Supera tus límites con MADTEST!

Solución al test n.º 3

1. b) Son vecinos de un municipio las personas que residen habitualmente en el mismo, se encuentren o no inscritas en el padrón municipal.

2. c) De competencia exclusiva de la comunidad autónoma de Aragón.

3. d) En el Decreto legislativo 2/2015, de 17 de noviembre.

4. d) Todas las respuestas anteriores son correctas.

5. b) Interdependencia y coordinación administrativa.

6. a) Se hace necesario incidir en los territorios que, en su dimensión comarcal, se encuentran en situación crítica debido a su baja densidad demográfica, donde se hace más necesaria, si cabe, la configuración de un nuevo equilibrio demográfico.

7. c) Tutela ambiental, por medio de la protección activa del medio natural y del patrimonio cultural, con particular atención a la gestión de los recursos hídricos y del paisaje, y la evaluación de los riesgos naturales e inducidos.

8. b) La interdependencia y coordinación administrativa, basada en la evaluación y supervisión territoriales, prestando atención permanente a las entidades locales, así como al entorno territorial de Aragón, integrado por las Comunidades Autónomas limítrofes, el Estado, el ámbito de cooperación transfronteriza con las entidades territoriales francesas y la Unión Europea.

9. b) 40,1%.

10. a) 33.

11. d) 70,3 %.

12. c) Urbanas.

13. a) De 35 a 54 años.

14. c) Europa.

15. b) A la superpoblación de los municipios próximos a la capital autonómica.

16. c) Tarazona y el Moncayo.

17. a) Zonas en las que predomina el empleo en el sector terciario.

18. d) Valdejalón.

19. d) Por el Gobierno de Aragón y la Administración General del Estado.

20. a) El crecimiento vegetativo negativo.

TEST N.º 4

La igualdad de oportunidades entre mujeres y hombres en Aragón: Disposiciones generales. Prevención y Protección Integral a las Mujeres Víctimas de Violencia en Aragón: Disposiciones Generales. La identidad y expresión de género e igualdad social y no discriminación en la Comunidad Autónoma de Aragón: Disposiciones Generales. La diversidad cultural y lucha contra la discriminación: Principios y objetivos del Plan Integral para la Gestión de la Diversidad vigente en Aragón

1. Según el artículo 9.2 de la Constitución: "corresponde a los poderes públicos .... las condiciones para que la libertad y la igualdad del individuo y de los grupos en que se integra sean reales y efectivas; .... los obstáculos que impidan o dificulten su plenitud y .... la participación de todos los ciudadanos en la vida política, económica, cultural y social". Qué 3 verbos faltan en la anterior frase:

a) Promover, remover y facilitar.
b) Impulsar, superar y posibilitar.
c) Crear, eliminar y alentar.
d) Facilitar, disminuir y promover.

2. La ley que regula a nivel estatal la igualdad efectiva de mujeres y hombres, es:

a) La Ley 3/2007, de 12 de marzo.
b) La Ley orgánica 22/2007, de 3 de abril.
c) La Ley orgánica 3/2007, de 22 de marzo.
d) El Decreto Legislativo 7/2003, de 23 de mayo.

3. Señala la opción incorrecta. Según el artículo 3 de la LO 3/2007, el principio de igualdad de trato entre mujeres y hombres supone la ausencia de toda discriminación, directa o indirecta, por razón de sexo, y especialmente, las derivadas de:

a) La maternidad.
b) La tendencia sexual.
c) La asunción de obligaciones familiares.
d) El estado civil.

4. Según el artículo 4 de la LO 3/2007, la igualdad de trato y de oportunidades entre mujeres y hombres:

a) Es un deber de las Administraciones Públicas.
b) Es una fuente formal del Derecho.
c) Es un principio informador del ordenamiento jurídico.
d) Es un objetivo fundamental del procedimiento administrativo.

5. La situación en que se encuentra una persona que sea, haya sido o pudiera ser tratada, en atención a su sexo, de manera menos favorable que otra en situación comparable, se considera:

a) Discriminación directa.
b) Acoso sexual.
c) Discriminación indirecta.
d) Violencia de género.

6. Una diferencia de trato basada en una característica relacionada con el sexo ¿constituye discriminación en el acceso al empleo?

a) Sí, en todo caso.
b) No, siempre que la formación necesaria se base en dicha característica.
c) No, siempre que dicha característica constituya un requisito profesional esencial y determinante.
d) No, si debido a la naturaleza de las actividades profesionales concretas o al contexto en el que se lleven a cabo, dicha característica constituya un requisito profesional esencial y determinante, siempre y cuando el objetivo sea legítimo y el requisito proporcionado.

7. A los efectos de la LO 3/2007, definimos como acoso sexual:

a) Cualquier comportamiento realizado en función del sexo de una persona, con el propósito o el efecto de atentar contra su dignidad y de crear un entorno intimidatorio, degradante u ofensivo.
b) La situación en que una disposición, criterio o práctica aparentemente neutros pone a personas de un sexo en desventaja particular con respecto a personas del otro, salvo que dicha disposición, criterio o práctica puedan justificarse objetivamente en atención a una finalidad legítima y que los medios para alcanzar dicha finalidad sean necesarios y adecuados.
c) Todo trato desfavorable a las mujeres relacionado con el embarazo o la maternidad.
d) Cualquier comportamiento, verbal o físico, de naturaleza sexual que tenga el propósito o produzca el efecto de atentar contra la dignidad de una persona, en particular cuando se crea un entorno intimidatorio, degradante u ofensivo.

8. Según el artículo 10 de la LO 3/2007, los actos y las cláusulas de los negocios jurídicos que constituyan o causen discriminación por razón de sexo se considerarán:

a) Válidos, pero anulables.
b) Nulos y sin efecto.

c) Ilegales.
d) Nulos, pero con efectos.

9. Conforme al artículo 12 de la LO 3/2007, cualquier persona podrá recabar de los tribunales la tutela del derecho a la igualdad entre mujeres y hombres, de acuerdo con lo establecido en el artículo 53.2 de la Constitución:

a) Siempre que la relación en la que supuestamente se produce la discriminación se encuentre vigente.
b) Incluso tras la terminación de la relación en la que supuestamente se ha producido la discriminación.
c) Siempre que se haya dado por terminada la relación en la que supuestamente se produce la discriminación.
d) A menos que se haya procedido a la suspensión de la relación en la que supuestamente se produce la discriminación.

10. La capacidad y la legitimación para intervenir en los procesos civiles, sociales y contencioso-administrativos que versen sobre la defensa del derecho de igualdad entre mujeres y hombres, corresponden a:

a) La persona acosada, únicamente.
b) Cualquier ciudadano.
c) Las personas físicas y jurídicas con interés legítimo.
d) Cualquier persona jurídica.

11. La Disposición Adicional Primera de la LO 3/2007, determina que se entenderá por composición equilibrada la presencia de mujeres y hombres de forma que, en el conjunto al que se refiera, las personas de cada sexo:

a) No superen el 55 % ni sean menos del 45 %.
b) No superen el 70 % ni sean menos del 30 %.
c) No superen el 60 % ni sean menos del 40 %.
d) No superen el 65 % ni sean menos del 35 %.

12. Según el artículo 1 de la Ley 7/2018, de 28 de junio, de igualdad de oportunidades entre mujeres y hombres en Aragón, esta ley tiene por objeto hacer efectivo el derecho de igualdad de trato y de oportunidades entre mujeres y hombres en la Comunidad Autónoma de Aragón, en desarrollo de los artículos 9.2, 14 y 23 de la Constitución, y 6.2, 11.3, 24.c) y 73.37.ª del Estatuto de Autonomía de Aragón, y mediante las medidas necesarias, remover los obstáculos que impidan o dificulten su .... para avanzar hacia una sociedad aragonesa más libre, justa, democrática y solidaria. Señalar la palabra que falta en la frase.

a) Plenitud.
b) Ejecución.

c) Aplicación.
d) Extensión.

13. ¿Es de aplicación la Ley 7/2018, de 28 de junio, de igualdad de oportunidades entre mujeres y hombres en Aragón a las entidades privadas de Aragón?

a) No, sólo es aplicable a personas físicas.

b) No, sólo es aplicable a la Administración de la Comunidad Autónoma de Aragón y sus organismos autónomos, y a las entidades que conforman el sector público del Gobierno de Aragón.

c) Sí, es aplicable por igual a todas las personas físicas y jurídicas establecidas en la Comunidad Autónoma de Aragón.

d) Es de aplicación a las entidades privadas que suscriban contratos o convenios de colaboración con las Administraciones públicas de Aragón o sean beneficiarias de ayudas o subvenciones concedidas por ellas.

14. Según el artículo 3 de la Ley 7/2018, un principio general de actuación de los poderes públicos de Aragón es el establecimiento de medidas para la conciliación de vida laboral, familiar y personal de mujeres y hombres, potenciando:

a) La corresponsabilidad.
b) La estabilidad en el empleo.
c) La igualdad de salarios.
d) La representación equilibrada.

15. Es una categoría que estructura la variable hombre y mujer y que viene referida a las diferencias biológicas, anatómicas y fisiológicas entre mujeres y hombres:

a) Género.
b) Sexualidad.
c) Sexo.
d) Sexismo.

16. Tal como lo define el artículo 4 de la Ley 7/2018, es la manifestación e institucionalización del dominio masculino sobre una supuesta inferioridad biológica de las mujeres, que históricamente se ha encargado de exhibir una distribución desigual del poder en favor de los hombres y que tiende a acentuar esta diferencia para conservar y conseguir más privilegios:

a) Patriarcado.
b) Machismo.
c) Sexismo.
d) Acoso sexual.

17. Educar en relación, según el artículo 4 de la Ley 7/2018, es la necesidad de que exista .... entre personas distintas en el ámbito educativo para poder generar comportamientos y relaciones igualitarias. Señalar la palabra que falta en la frase.

a) Integración.
b) Convivencia.
c) Comprensión.
d) Intercambio.

18. La protección jurídica frente a la violencia de género se articuló a nivel estatal a través de:

a) Ley Orgánica 1/2004, de 28 de diciembre.
b) Ley Orgánica 4/2001, de 8 de octubre.
c) Ley Orgánica 2/2008, de 14 de diciembre.
d) Ley Orgánica 10/2002, de 4 de octubre.

19. Según el artículo 1 de la Ley 4/2007, de 22 de marzo, de Prevención y Protección Integral a las Mujeres Víctimas de Violencia en Aragón, el objeto de esta Ley es la adopción de medidas integrales dirigidas a la ...., prevención y erradicación de la violencia ejercida sobre las mujeres, así como la protección, asistencia y seguimiento a las víctimas de violencia ejercida contra la mujer. Señalar la palabra que falta en la frase.

a) Evaluación.
b) Sensibilización.
c) Visibilización.
d) Marginación.

20. Siguiendo el artículo 2 de la Ley 4/2007, cuál de las siguientes formas de violencia incluye cualquier acto intencional de fuerza contra el cuerpo de la mujer, con resultado o riesgo de producir lesión física o daño en la víctima:

a) Abuso sexual.
b) Malos tratos sexuales.
c) Acoso sexual.
d) Malos tratos físicos.

En MADTEST tienes **más preguntas de este tema** y todos tus avances quedan registrados y se reflejan en el ranking.

¡Supera tus límites con MADTEST!

Solución al test n.º 4

1. a) Promover, remover y facilitar.

2. c) La Ley orgánica 3/2007, de 22 de marzo.

3. b) La tendencia sexual.

4. c) Es un principio informador del ordenamiento jurídico.

5. a) Discriminación directa.

6. d) No, si debido a la naturaleza de las actividades profesionales concretas o al contexto en el que se lleven a cabo, dicha característica constituya un requisito profesional esencial y determinante, siempre y cuando el objetivo sea legítimo y el requisito proporcionado.

7. d) Cualquier comportamiento, verbal o físico, de naturaleza sexual que tenga el propósito o produzca el efecto de atentar contra la dignidad de una persona, en particular cuando se crea un entorno intimidatorio, degradante u ofensivo.

8. b) Nulos y sin efecto.

9. b) Incluso tras la terminación de la relación en la que supuestamente se ha producido la discriminación.

10. c) Las personas físicas y jurídicas con interés legítimo.

11. c) No superen el 60 % ni sean menos del 40 %.

12. a) Plenitud.

13. d) Es de aplicación a las entidades privadas que suscriban contratos o convenios de colaboración con las Administraciones públicas de Aragón o sean beneficiarias de ayudas o subvenciones concedidas por ellas.

14. a) La corresponsabilidad.

15. c) Sexo.

16. a) Patriarcado.

17. b) Convivencia.

18. a) Ley Orgánica 1/2004, de 28 de diciembre.

19. b) Sensibilización.

20. d) Malos tratos físicos.

TEST N.º 5

**La Ley General de Sanidad: El Sistema Nacional de Salud
y los Servicios de Salud de las Comunidades Autónomas.
El Área de Salud. La Ley de Salud de Aragón: Principios rectores.
Derechos y deberes de los ciudadanos. Derechos de información
sobre la salud y autonomía del paciente**

1. El Sistema Nacional de Salud es:

a) El operador que regula los aspectos básicos de las profesiones sanitarias tituladas en lo que se refiere a su ejercicio por cuenta propia o ajena.

b) Los centros, servicios y establecimientos de la propia Comunidad, Diputaciones, Ayuntamientos y cualesquiera otras Administraciones territoriales intracomunitarias, que estará gestionado bajo la responsabilidad de la respectiva Comunidad Autónoma.

c) El conjunto de los Servicios de Salud de la Administración del Estado y de los Servicios de Salud de las Comunidades Autónomas .

d) La ordenación territorial de los Servicios de Salud del Estado, de las comunidades autónomas y de las organizaciones y entidades privadas.

2. ¿De cuántos artículos consta la Ley 14/1986 de 25 de abril, General de Sanidad?

a) 109.
b) 111.
c) 113.
d) 116.

3. La Ley 14/1986 de 25 de abril, General de Sanidad, se estructura en:

a) Un Título Preliminar, siete Títulos, diez Disposiciones Adicionales, seis Disposiciones Transitorias, dos Disposiciones Derogatorias y dieciséis Disposiciones Finales.

b) Un Título Preliminar, seis Títulos, diez Disposiciones Adicionales, siete Disposiciones Transitorias, dos Disposiciones Derogatorias y dieciséis Disposiciones Finales.

c) Un Título Preliminar, siete Títulos, diez Disposiciones Adicionales, siete Disposiciones Transitorias, tres Disposiciones Derogatorias y dieciséis Disposiciones Finales.

d) Un Título Preliminar, siete Títulos, diez Disposiciones Adicionales, seis Disposiciones Transitorias, tres Disposiciones Derogatorias y dieciséis Disposiciones Finales.

4. ¿Qué artículo de nuestra Carta Magna reconoce el derecho a la protección de la salud?

a) El art. 9.1.
b) El art. 9.2.
c) El art. 43.1.
d) El art. 49.1.

5. La Ley 14/1986, de 25 de abril, General de Sanidad, establece que las piezas básicas de los Servicios de Salud de las Comunidades Autónomas son:

a) Las Áreas de Salud.
b) Los Distritos Sanitarios.
c) Las Comarcas Sanitarias.
d) Las Zonas de Salud.

6. La Ley 14/1986, de 25 de abril, General de Sanidad, tiene como objeto:

a) Establecer el marco legal para las acciones de coordinación y cooperación de las Administraciones públicas sanitarias, en el ejercicio de sus respectivas competencias.
b) La regulación de los aspectos básicos de las profesiones sanitarias tituladas.
c) La regulación de los derechos y obligaciones de los pacientes, usuarios y profesionales, así como de los centros y servicios sanitarios, públicos y privados.
d) La regulación general de todas las acciones que permitan hacer efectivo el derecho a la protección de la salud reconocido en el artículo 43 de la Constitución Española.

7. Las Áreas de Salud se delimitan teniendo en cuenta factores:

a) Climatológicos y de dotación de vías y medios de comunicación.
b) Geográficos y demográficos.
c) Socioeconómicos y culturales.
d) Todas las respuestas son correctas.

8. Como regla general el área de salud extenderá su acción a una población:

a) No inferior a 100.000 habitantes ni superior a 150.000.
b) No inferior a 200.000 habitantes ni superior a 250.000.
c) No inferior a 250.000 habitantes ni superior a 300.000.
d) No inferior a 300.000 habitantes ni superior a 500.000.

9. ¿Qué Comunidades Autónomas y/o Ciudades Autónomas se exceptúan de la regla que hemos visto en la pregunta anterior, pudiéndose acomodar a sus específicas peculiaridades?

a) Baleares, Ceuta y Melilla.
b) Baleares y Canarias.

c) Canarias, Ceuta y Melilla.
d) Baleares, Canarias, Ceuta y Melilla.

10. Según dispone al artículo 56.5 LGS, cada provincia tendrá, en todo caso y como mínimo:

a) Un área de salud.
b) Dos áreas de salud.
c) Tres áreas de salud.
d) Cuatro áreas de salud.

11. ¿Cómo se denomina el órgano de participación de las Áreas de Salud?

a) Consejo de salud de área.
b) Consejo de dirección de área.
c) Comisión de salud del área.
d) Comité de Participación del Área de Salud.

12. Los Consejos de salud de área estarán constituidos por:

a) Las organizaciones sindicales más representativas, en una proporción no inferior al 50 %, a través de los profesionales sanitarios titulados.
b) La representación de los ciudadanos a través de las Corporaciones Locales comprendidas en su demarcación, que supondrá el 25 % de sus miembros.
c) La Administración sanitaria del área de salud.
d) Todas las respuestas son correctas.

13. El Gerente del área de salud será nombrado y cesado por la dirección del servicio de salud de la Comunidad Autónoma, a propuesta de:

a) El Consejo de dirección del área.
b) El Consejo de salud del área.
c) La Consejería de Sanidad de la Comunidad Autónoma.
d) El Consejo de Gerencia de la zona.

14. ¿A quién corresponde, según dispone el art. 60.3 LGS, presentar los anteproyectos del Plan de Salud y de sus adaptaciones anuales así como el proyecto de memoria anual del área de salud?

a) Al Consejo de salud del área.
b) Al Consejo de dirección del área.
c) Al Gerente del área de salud.
d) A las Consejerías de Sanidad de las Comunidades Autónomas.

15. Señala cuál de las siguientes es una de las funciones de los Consejos de Salud:

a) Conocer e informar el anteproyecto del Plan de Salud del área y de sus adaptaciones anuales.
b) Conocer e informar la memoria anual del área de salud.
c) Verificar la adecuación de las actuaciones en el área de salud a las normas y directrices de la política sanitaria y económica.
d) Todas las respuestas son correctas.

16. El Consejo de Salud de Área contará con la representación de los ciudadanos a través de las Corporaciones Locales comprendidas en su demarcación, que supondrá el:

a) 30 % de sus miembros.
b) 50 % de sus miembros.
c) 25 % de sus miembros.
d) 40 % de sus miembros.

17. ¿Qué porcentaje de los miembros del Consejo de dirección representan a la Comunidad Autónoma?

a) El 60 %.
b) El 50 %.
c) El 40 %.
d) El 25 %.

18. Según el artículo 14 del Estatuto de Autonomía de Aragón (Ley Orgánica 5/2007, de 20 de abril), todas las personas tienen derecho a acceder a los servicios públicos de salud, en condiciones de igualdad, universalidad y:

a) Libertad.
b) Calidad.
c) Eficacia.
d) Gratuidad.

19. ¿En cuántos títulos se estructura la Ley 6/2002, de 15 de abril, de Salud de Aragón?

a) 7.
b) 5.
c) 9.
d) 12.

20. ¿Qué título de la Ley 6/2002, de Salud de Aragón, se refiere a los derechos de información sobre la salud y la autonomía del paciente?

a) Título II.
b) Título III.
c) Título V.
d) Título VI.

En MADTEST tienes **más preguntas de este tema** y todos tus avances quedan registrados y se reflejan en el ranking.

¡Supera tus límites con MADTEST!

Solución al test n.º 5

1. c) El conjunto de los Servicios de Salud de la Administración del Estado y de los Servicios de Salud de las Comunidades Autónomas.

2. d) 116.

3. a) Un Título Preliminar, siete Títulos, diez Disposiciones Adicionales, seis Disposiciones Transitorias, dos Disposiciones Derogatorias y dieciséis Disposiciones Finales.

4. c) El art. 43.1.

5. a) Las Áreas de Salud.

6. d) La regulación general de todas las acciones que permitan hacer efectivo el derecho a la protección de la salud reconocido en el 43 de la Constitución Española.

7. d) Todas las respuestas son correctas.

8. b) No inferior a 200.000 habitantes ni superior a 250.000.

9. d) Baleares, Canarias, Ceuta y Melilla.

10. a) Un área de salud.

11. a) Consejo de salud de área.

12. c) La Administración sanitaria del área de salud.

13. a) El Consejo de dirección del área.

14. c) Al Gerente del área de salud.

15. d) Todas las respuestas son correctas.

16. b) 50 % de sus miembros.

17. a) El 60 %.

18. b) Calidad.

19. c) 9.

20. b) Título III.

El Departamento de Sanidad del Gobierno de Aragón. Estructura básica y competencias. El Servicio Aragonés de Salud: Estructura y competencias. El Texto Refundido de la Ley del Servicio Aragonés de Salud. Estructura y funcionamiento de las áreas y sectores del Sistema de Salud de Aragón

1. Las zonas de salud serán delimitadas por:

a) Las Cortes de Aragón.
b) El Consejo de Gobierno.
c) El Departamento responsable de salud.
d) El Consejo de Salud de Aragón.

2. No es una competencia del Departamento de Sanidad de Aragón:

a) Definir y desarrollar las Estrategias de Salud en la Comunidad Autónoma.
b) Planificar, evaluar y controlar la organización asistencial del Sistema de Salud de Aragón.
c) Proceder a la estructuración, ordenación y planificación territorial en materia de salud.
d) Aprobar el Plan de Salud de Aragón.

3. Corresponde al Consejero de Sanidad:

a) Aprobar la estructura orgánica de su Departamento.
b) Aprobar el presupuesto de su Departamento.
c) Aprobar el reglamento del Servicio Aragonés de Salud.
d) Aprobar la memoria anual de actuación del Servicio Aragonés de Salud.

4. ¿A qué Dirección está adscrito el Servicio de Seguridad Alimentaria y Salud Ambiental?

a) Dirección General de Asistencia Sanitaria y Planificación.
b) Dirección General de Salud Pública.

c) Dirección General de Salud Digital e Infraestructuras.
d) Dirección General de Cuidados y Humanización.

5. NO es un Servicio de la Dirección General de Asistencia Sanitaria y Planificación:

a) Servicio de Personal, Planificación y Coordinación.
b) Servicio de Oferta Asistencial.
c) Servicio de Prestaciones y Contratación Sanitaria.
d) Servicio de Estrategias de Salud y Formación.

6. ¿A qué órgano se adscribe el Servicio de Cuidados y Alfabetización en Salud?

a) A la Secretaría General Técnica.
b) A la DG de Asistencia Sanitaria y Planificación.
c) A la DG de Salud Digital e Infraestructuras.
d) A la DG de Cuidados y Humanización.

7. ¿A quién corresponde el seguimiento y control de la prestación de incapacidad temporal?

a) A los Servicios Provinciales.
b) A los Centros de Salud.
c) Al Servicio de Prevención de Riesgos laborales.
d) A los Equipos de Salud correspondientes.

8. ¿Cuál de los siguientes organismos públicos no está adscrito al Departamento de Sanidad?

a) Servicio Aragonés de Salud.
b) Instituto Aragonés de Ciencias de la Salud.
c) Banco de Sangre y Tejidos.
d) Instituto Aragonés de Servicios Sociales.

9. El Servicio de Evaluación y Acreditación forma parte de la estructura de:

a) La Dirección General de Salud Digital e Infraestructuras.
b) La Secretaría General Técnica.
c) La Dirección General de Salud Pública.
d) La Dirección General de Asistencia Sanitaria y Planificación.

10. No es un órgano de la Secretaría General Técnica del Departamento de Sanidad:

a) Servicio de Información, Transparencia y Participación.
b) Servicio de Gestión Económica, Contratación y Asuntos Generales.
c) Servicio de Personal, Planificación y Coordinación.
d) Servicio de Asuntos Jurídicos.

11. ¿Cuál de las siguientes no constituye una línea asistencial en la estructura de las áreas y sectores del Sistema de Salud de Aragón?

a) La atención especializada.
b) La atención a la salud mental.
c) La atención sociosanitaria.
d) La atención psicosocial.

12. ¿Cuántos representantes de la Administración Sanitaria del Sector, forman parte del Consejo Rector del Área de Salud?

a) Cinco.
b) Tres.
c) Dos.
d) Ninguno.

13. Respecto a las Gerencias del Sector no es cierto que:

a) Son órganos desconcentrados.
b) Son órganos organizativos e instrumentales.
c) Gestionan los recursos sanitarios necesarios para la asistencia sanitaria de los centros y unidades de su territorio.
d) Son órganos consultivos.

14. Respecto a la línea asistencial de Atención Primaria, no es cierto que:

a) Garantiza la globalidad y continuidad de la atención a lo largo de toda la vida del paciente.
b) Comprende actividades tales como la educación sanitaria.
c) Una de las líneas de actuación es la salud bucodental.
d) Una de las líneas de actuación es la asistencia en hospital de día.

15. El Área de Salud será dirigida por un órgano propio denominado:

a) Consejo de Dirección.
b) Consejo Rector.
c) Departamento de Salud y Consumo.
d) Gerencia del Sector.

16. ¿A quién le corresponde el seguimiento, control y evaluación de los objetivos y medidas establecidas en los Contratos de Gestión del Área de Salud?

a) Al Consejo de Dirección.
b) Al Consejo Rector.
c) Al Departamento de Sanidad.
d) Al Gerente del Sector.

17. Respecto al Director de Gestión y Servicios Generales no es cierto que:

a) Proporciona a los demás órganos directivos, soporte administrativo y técnico específico, así como los servicios generales necesarios para el cumplimiento de sus objetivos.
b) Debe tener título universitario.
c) Tendrá dedicación exclusiva.
d) Será nombrado por el Director Gerente del Servicio Aragonés de Salud, a propuesta del Consejero del Departamento responsable en materia de salud.

18. El Director de Gestión y Servicios Generales del Sector actuará de conformidad con las competencias que tiene atribuidas:

a) Bajo la dependencia funcional de la Gerencia del Sector.
b) Bajo la dependencia orgánica de la Gerencia del Sector.
c) Bajo la dependencia orgánica del Director Gerente del Servicio Aragonés de Salud.
d) Bajo la dependencia orgánica del Consejero de Sanidad.

19. Según el artículo 21 del Decreto Legislativo 2/2004, de 30 de diciembre, por el que se aprueba el Texto Refundido de la Ley del Servicio Aragonés de Salud, en el Consejo de Salud de Zona habrá:

a) Un representante de cada consejo escolar constituido en la zona de salud.
b) Un veterinario con ejercicio profesional en la zona de salud.
c) Dos farmacéuticos con ejercicio profesional en la zona de salud.
d) Un representante del equipo de atención primaria, elegido por el coordinador del equipo.

20. ¿Cuál de las siguientes es una competencia de la Dirección de Área de Coordinación Asistencial?

a) La elaboración, seguimiento y evaluación de los contratos de gestión en los centros del Servicio Aragonés de Salud.
b) La gestión de la Tesorería del Organismo.
c) La propuesta de fijación de plantillas de personal de los diversos centros y servicios y sus modificaciones.
d) La coordinación de las actividades de gestión y desarrollo profesional.

En MADTEST tienes **más preguntas de este tema** y todos tus avances quedan registrados y se reflejan en el ranking.

¡Supera tus límites con MADTEST!

Solución al test n.º 6

1. c) El Departamento responsable de salud.

2. d) Aprobar el Plan de Salud de Aragón.

3. d) Aprobar la memoria anual de actuación del Servicio Aragonés de Salud.

4. b) Dirección General de Salud Pública.

5. a) Servicio de Personal, Planificación y Coordinación.

6. d) A la DG de Cuidados y Humanización.

7. a) A los Servicios Provinciales.

8. d) Instituto Aragonés de Servicios Sociales.

9. d) La Dirección General de Asistencia Sanitaria y Planificación.

10. a) Servicio de Información, Transparencia y Participación.

11. d) La atención psicosocial.

12. b) Tres.

13. d) Son órganos consultivos.

14. d) Una de las líneas de actuación es la asistencia en hospital de día.

15. b) Consejo Rector.

16. d) Al Gerente del Sector.

17. d) Será nombrado por el Director Gerente del Servicio Aragonés de Salud, a propuesta del Consejero del Departamento responsable en materia de salud.

18. b) Bajo la dependencia orgánica de la Gerencia del Sector.

19. b) Un veterinario con ejercicio profesional en la zona de salud.

20. d) La coordinación de las actividades de gestión y desarrollo profesional.

TEST N.º 7

Personal Estatutario de los Servicios de Salud: Clasificación del Personal Estatutario. Derechos y Deberes. Adquisición y pérdida de la condición de personal estatutario. Provisión de plazas, selección y promoción interna. Movilidad del personal. Situaciones. Régimen disciplinario. Estatuto Básico del Empleado Público: Deberes del empleado público y código de conducta. Representación, participación y negociación colectiva. Incompatibilidades del personal al servicio de las Administraciones Públicas. Principios generales. Ámbito de aplicación

1. Conforme al artículo 9.1 del Estatuto Marco (en redacción dada por el Real Decreto-ley 12/2022, de 5 de julio, por el que se modifica la Ley 55/2003, de 16 de diciembre, del Estatuto Marco del personal estatutario de los servicios de salud), los nombramientos del Personal Estatutario Temporal de los Servicios de Salud serán:

a) Únicamente de Personal Estatutario Sanitario.
b) Personal Estatutario Contratado.
c) De interinidad.
d) Como Personal Laboral.

2. Conforme al artículo 6.2 de la Ley 55/2003, de 16 de diciembre, del Estatuto Marco del personal estatutario de los servicios de salud, atendiendo al nivel académico del título exigido para el ingreso, el personal estatutario sanitario de formación profesional se divide en:

a) Técnicos sanitarios y Auxiliares de Enfermería.
b) Técnicos superiores y Técnicos.
c) Técnicos superiores y Técnicos de gestión.
d) Técnicos especialistas y Técnicos.

3. Podrá concurrir a las pruebas selectivas, por el sistema de promoción interna, el personal estatutario fijo que se encuentre en servicio activo y con nombramiento como personal estatutario fijo, en la categoría de procedencia, durante al menos:

a) 2 años.
b) 3 años.
c) 4 años.
d) 5 años.

4. Quienes no acrediten, una vez superado el proceso selectivo, que reúnen los requisitos y condiciones exigidos en la convocatoria:

a) No podrán ser nombrados hasta que subsanen el defecto.
b) No podrán ser nombrados, y quedarán sin efecto sus actuaciones.
c) Podrán ser nombrados de forma condicional.
d) Una vez superado el proceso selectivo, se entiende que reúne los requisitos exigidos, salvo prueba en contrario.

5. No es causa de extinción de la condición de personal estatutario fijo:

a) La renuncia.
b) La jubilación.
c) La sanción disciplinaria firme de separación del servicio.
d) La incapacidad temporal.

6. La recuperación de la condición de personal estatutario:

a) Supondrá la simultánea declaración del interesado en la situación de excedencia voluntaria, salvo en el caso de que se hubiera perdido como consecuencia de incapacidad.
b) Supondrá la simultánea declaración del interesado en la situación de excedencia voluntaria.
c) Supondrá la reincorporación del interesado a su puesto anterior.
d) Supondrá la reincorporación del interesado a su puesto en reingreso provisional.

7. La renuncia a la condición de personal estatutario, en los casos en que no exista un expediente disciplinario abierto, deberá ser solicitada por el interesado con una antelación mínima a su efectividad:

a) En cualquier momento.
b) De 15 días.
c) Tiene carácter voluntario y no está sometida a preaviso.
d) De un mes.

8. Entre los siguientes derechos que le reconoce el Estatuto Marco al personal estatutario, no figura el derecho individual a:

a) La estabilidad en el empleo.
b) El respeto a la dignidad e intimidad personal en el trabajo.
c) La formación continuada adecuada a la función desempeñada.
d) La inamovilidad del puesto de trabajo.

9. El personal estatutario de los servicios de salud tiene el deber de:

a) Participar en la elaboración de los convenios colectivos.
b) Realizar sus funciones fuera del horario y jornada habitual.
c) Realizar actividades sindicales.
d) Respetar la Constitución, el Estatuto de Autonomía correspondiente y el resto del ordenamiento jurídico.

10. Son faltas muy graves:

a) La falta de obediencia debida a los superiores.
b) El acoso sexual, cuando el sujeto activo del acoso cree con su conducta un entorno laboral intimidatorio, hostil o humillante para la persona que es objeto del mismo.
c) El incumplimiento del deber de respeto a la Constitución o al respectivo Estatuto de Autonomía en el ejercicio de sus funciones.
d) La aceptación de cualquier tipo de contraprestación por los servicios prestados a los usuarios de los Servicios de Salud.

11. El funcionario sancionado con la separación del servicio no podrá concurrir a las pruebas de selección para la obtención de la condición de personal estatutario fijo, ni prestar servicios como personal estatutario temporal, durante:

a) Los 6 años siguientes.
b) Los 5 años siguientes.
c) Los 10 años siguientes.
d) La separación del servicio es definitiva.

12. Según el art. 72.2 del Estatuto Marco, tendrá la consideración de falta muy grave:

a) Intervenir en un procedimiento administrativo cuando se dé alguna de las causas de abstención legalmente señaladas.
b) Toda actuación que suponga discriminación por razones ideológicas, morales, políticas, sindicales, de raza, lengua, género, religión o circunstancias económicas, personales o sociales, tanto del personal como de los usuarios.
c) El incumplimiento injustificado de la jornada de trabajo que acumulado suponga más de 20 horas al mes.
d) La incorrección con los superiores, compañeros, subordinados o usuarios.

13. De las siguientes, la sanción que se aplicará al personal estatutario por la comisión de falta grave será:

a) Suspensión de funciones.
b) Traslado forzoso con cambio de localidad.
c) Separación del servicio.
d) Apercibimiento.

14. Las Comunidades Autónomas, en el ámbito de sus competencias, determinarán la limitación máxima de la jornada a tiempo parcial respecto a la jornada completa, con el límite máximo del:

a) Setenta y cinco por ciento de la jornada ordinaria, en cómputo anual.
b) Veinticinco por ciento de la jornada ordinaria, en cómputo anual.
c) Sesenta por ciento de la jornada ordinaria, en cómputo anual.
d) Cincuenta por ciento de la jornada ordinaria, en cómputo anual.

15. Solo una de las siguientes afirmaciones referidas a la "movilidad voluntaria" es cierta dentro de las prescripciones del Estatuto Marco del personal estatutario. ¿Cuál?

a) Los procedimientos se han de efectuar cada dos años.
b) Se garantiza en términos de igualdad efectiva entre los diferentes Servicios de Salud.
c) En casos excepcionales se pueden resolver los procedimientos por libre designación.
d) El plazo posesorio en el nuevo destino es siempre de un mes.

16. Entre los derechos reconocidos en el mismo Estatuto Marco (artículo 50) a los profesionales, está el de tener un periodo de descanso durante la jornada que no puede ser inferior a 15 minutos, siempre que la jornada:

a) Exceda de 6 horas continuadas.
b) Sea de seis horas continuadas.
c) No se tenga reducida por algún motivo.
d) Sea jornada ordinaria y no jornada complementaria.

17. Cuando de un procedimiento de movilidad se derive cambio del servicio de salud de destino, el Estatuto Marco establece un plazo posesorio de:

a) Un mes.
b) Treinta días.
c) Quince días.
d) Diez días.

18. Según el Estatuto Marco del personal estatutario, la situación de excedencia voluntaria por interés particular obliga a un periodo mínimo de permanencia en ella de:

a) Un año.
b) Dos años.
c) Doce meses.
d) No establece periodo mínimo.

19. De acuerdo con el régimen disciplinario del personal estatutario, se considera muy grave:

a) El abandono del servicio.
b) El abuso de autoridad en el ejercicio de sus funciones.
c) Falta de obediencia debida a los superiores.
d) La incorrección con los superiores, compañeros, subordinados o usuarios.

20. El personal estatutario que acceda a plaza de formación sanitaria especializada mediante residencia, será declarado en situación de:

a) Servicios especiales.
b) Servicios bajo otro régimen jurídico.
c) Excedencia voluntaria.
d) Excedencia por servicios en el sector público.

En MADTEST tienes **más preguntas de este tema** y todos tus avances quedan registrados y se reflejan en el ranking.

¡Supera tus límites con MADTEST!

Solución al test n.º 7

1. c) De interinidad.

2. b) Técnicos superiores y Técnicos.

3. a) 2 años.

4. b) No podrán ser nombrados, y quedarán sin efecto sus actuaciones.

5. d) La incapacidad temporal.

6. a) Supondrá la simultánea declaración del interesado en la situación de excedencia voluntaria, salvo en el caso de que se hubiera perdido como consecuencia de incapacidad.

7. b) De 15 días.

8. d) La inamovilidad del puesto de trabajo.

9. d) Respetar la Constitución, el Estatuto de Autonomía correspondiente y el resto del ordenamiento jurídico.

10. c) El incumplimiento del deber de respeto a la Constitución o al respectivo Estatuto de Autonomía en el ejercicio de sus funciones.

11. a) Los 6 años siguientes.

12. b) Toda actuación que suponga discriminación por razones ideológicas, morales, políticas, sindicales, de raza, lengua, género, religión o circunstancias económicas, personales o sociales, tanto del personal como de los usuarios.

13. a) Suspensión de funciones.

14. a) Setenta y cinco por ciento de la jornada ordinaria, en cómputo anual.

15. b) Se garantiza en términos de igualdad efectiva entre los diferentes Servicios de Salud.

16. a) Exceda de 6 horas continuadas.

17. a) Un mes.

18. b) Dos años.

19. a) El abandono del servicio.

20. a) Servicios especiales.

TEST N.º 8

El Procedimiento Administrativo Común de las Administraciones Públicas: Disposiciones Generales. Cómputo de plazos. Objeto y plazos de los recursos administrativos. El Régimen Jurídico del Sector Público: Disposiciones Generales

1. Según el artículo 3 de la Ley 40/2015, uno de los principios de acuerdo con los que actúa la Administración Pública es el de buena fe, confianza legítima y:

a) Lealtad institucional.
b) Proximidad a los ciudadanos.
c) Servicio efectivo a los ciudadanos.
d) Responsabilidad.

2. Según el artículo 3 de la Ley 40/2015, uno de los principios de acuerdo con los que actúa la Administración Pública es el de simplicidad, claridad y:

a) Economía.
b) Eficacia.
c) Proximidad a los ciudadanos.
d) Racionalización.

3. Según el artículo 3 de la Ley 40/2015, uno de los principios de acuerdo con los que actúa la Administración Pública es el de participación, objetividad y:

a) Transparencia de la actuación administrativa.
b) Evaluación de los resultados.
c) Adecuación estricta de los medios a los fines institucionales.
d) Colaboración.

4. Según el artículo 3 de la Ley 40/2015, uno de los principios de acuerdo con los que actúa la Administración Pública es el de racionalización y agilidad de los procedimientos administrativos y de:

a) Las políticas públicas.
b) Las actividades materiales de gestión.

c) Las asignaciones de los recursos públicos.

d) La evaluación de los resultados de las políticas públicas.

5. Señala la respuesta correcta respecto al cómputo de plazos:

a) Salvo que por Ley o en el Derecho de la Unión Europea se disponga otro cómputo, cuando los plazos se señalen por horas, se entiende que estas son naturales.

b) Siempre que por Ley o en el Derecho de la Unión Europea no se exprese otro cómputo, cuando los plazos se señalen por días, se entiende que estos son naturales, incluyéndose en el cómputo los sábados, los domingos y los declarados festivos.

c) Los plazos expresados en días se contarán desde el mismo día en que tenga lugar la notificación o publicación del acto de que se trate, o desde el siguiente a aquel en que se produzca la estimación o la desestimación por silencio administrativo.

d) Cuando un día fuese hábil en el municipio o Comunidad Autónoma en que residiese el interesado, e inhábil en la sede del órgano administrativo, o a la inversa, se considerará inhábil en todo caso.

6. Señala la respuesta incorrecta respecto al cómputo de los plazos:

a) Cuando los plazos se hayan señalado por días naturales por declararlo así una ley o por el Derecho de la Unión Europea, se hará constar esta circunstancia en las correspondientes notificaciones.

b) Cuando el último día del plazo sea inhábil, se entenderá prorrogado al primer día hábil siguiente.

c) Los plazos expresados por horas se contarán de hora en hora y de minuto en minuto desde la hora y minuto en que tenga lugar la notificación o publicación del acto de que se trate y no podrán tener una duración superior a veinticuatro horas, en cuyo caso se expresarán en días.

d) La declaración de un día como hábil o inhábil a efectos de cómputo de plazos determina por sí sola el funcionamiento de los centros de trabajo de las Administraciones Públicas, la organización del tiempo de trabajo así como el régimen de jornada y horarios de las mismas.

7. El registro electrónico permite la presentación de documentos:

a) De lunes a viernes de 8 a 15 horas.

b) De lunes a viernes de 8 a 21 horas.

c) Todos los días del año de 8 a 21 horas.

d) Todos los días del año durante las veinticuatro horas.

8. ¿En qué caso podrá ser objeto de ampliación un plazo ya vencido?

a) En los procedimientos tramitados por las misiones diplomáticas y oficinas consulares.

b) En aquellos que, sustanciándose en el interior, exijan cumplimentar algún trámite en el extranjero o en los que intervengan interesados residentes fuera de España.

c) Siempre que así lo considere oportuno, y lo fundamente, el Instructor del procedimiento.
d) En ningún caso.

9. Cuando razones de interés público lo aconsejen, se podrá acordar, de oficio o a petición del interesado, la aplicación al procedimiento de la tramitación de urgencia, por la cual se reducirán a la mitad los plazos establecidos para el procedimiento ordinario, salvo:

a) Los relativos a la presentación de solicitudes.
b) Los relativos a la presentación de recursos.
c) Las respuestas a) y b) son correctas.
d) Ninguna respuesta es correcta.

10. ¿De qué plazo disponen los interesados durante el trámite de audiencia para alegar y presentar los documentos y justificaciones que estimen pertinentes?

a) No inferior a quince ni superior a un mes.
b) No inferior a diez días ni superior a quince.
c) Quince días.
d) Siete días hábiles.

11. A tenor del art. 84 de la Ley 39/2015, de 1 de octubre, del Procedimiento Administrativo Común de las Administraciones Públicas, pondrán fin al procedimiento la resolución:

a) El desistimiento.
b) La renuncia al derecho en que se funde la solicitud.
c) La declaración de caducidad.
d) Todas las respuestas son correctas.

12. ¿Cuál es la forma especial de terminación del procedimiento administrativo?

a) La resolución.
b) La declaración de caducidad.
c) La terminación convencional.
d) El desistimiento.

13. El acuerdo de realización de actuaciones complementarias se notificará a los interesados, concediéndoseles un plazo para formular las alegaciones que tengan por pertinentes tras la finalización de las mismas, de:

a) Siete días.
b) Diez días.
c) Quince días.
d) Un mes.

14. En los procedimientos iniciados a solicitud del interesado, cuando se produzca su paralización por causa imputable al mismo, la Administración le advertirá de que se producirá la caducidad del procedimiento, transcurrido:

a) Quince días.
b) Veinte días.
c) Un mes.
d) Tres meses.

15. Señala la respuesta incorrecta respecto a la caducidad:

a) La caducidad no producirá por sí sola la prescripción de las acciones del particular o de la Administración, pero los procedimientos caducados interrumpirán el plazo de prescripción.
b) No podrá acordarse la caducidad por la simple inactividad del interesado en la cumplimentación de trámites, siempre que no sean indispensables para dictar resolución.
c) Podrá no ser aplicable la caducidad en el supuesto de que la cuestión suscitada afecte al interés general, o fuera conveniente sustanciarla para su definición y esclarecimiento.
d) En los casos en los que sea posible la iniciación de un nuevo procedimiento por no haberse producido la prescripción, podrán incorporarse a este los actos y trámites cuyo contenido se hubiera mantenido igual de no haberse producido la caducidad.

16. ¿Qué recurso cabe contra el acuerdo de acumulación?

a) Ninguno.
b) Recurso de alzada.
c) Recurso de reposición.
d) Recurso extraordinario de revisión.

17. Señala la respuesta incorrecta respecto a la información pública:

a) La incomparecencia en este trámite podrá impedir a los interesados interponer los recursos procedentes contra la resolución definitiva del procedimiento.
b) El órgano al que corresponda la resolución del procedimiento, cuando la naturaleza de este lo requiera, podrá acordar un período de información pública.
c) La comparecencia en el trámite de información pública no otorga, por sí misma, la condición de interesado.
d) Quienes presenten alegaciones u observaciones en este trámite tienen derecho a obtener de la Administración una respuesta razonada, que podrá ser común para todas aquellas alegaciones que planteen cuestiones sustancialmente iguales.

18. Indica cuál de las siguientes no es una de las formas anormales de terminación del procedimiento administrativo:

a) La declaración de caducidad.
b) El desistimiento.

c) La renuncia al derecho en que se funde la solicitud.
d) La resolución.

19. Las actuaciones complementarias deberán practicarse en un plazo no superior a:

a) Diez días.
b) Quince días.
c) Veinte días.
d) Un mes.

20. ¿En qué supuesto excepcional se podrá imponer una sanción sin que se haya tramitado el oportuno procedimiento?

a) En casos de urgencia.
b) En aquellos supuestos donde no dé lugar a dudas la imposición de la sanción.
c) Únicamente en aquellos supuestos donde una norma con rango de ley así lo determine.
d) En ningún caso.

En MADTEST tienes **más preguntas de este tema** y todos tus avances quedan registrados y se reflejan en el ranking.

¡Supera tus límites con MADTEST!

Solución al test n.º 8

1. a) Lealtad institucional.

2. c) Proximidad a los ciudadanos.

3. a) Transparencia de la actuación administrativa.

4. b) Las actividades materiales de gestión.

5. d) Cuando un día fuese hábil en el municipio o Comunidad Autónoma en que residiese el interesado, e inhábil en la sede del órgano administrativo, o a la inversa, se considerará inhábil en todo caso.

6. d) La declaración de un día como hábil o inhábil a efectos de cómputo de plazos determina por sí sola el funcionamiento de los centros de trabajo de las Administraciones Públicas, la organización del tiempo de trabajo así como el régimen de jornada y horarios de las mismas.

7. d) Todos los días del año durante las veinticuatro horas.

8. d) En ningún caso.

9. c) Las respuestas a) y b) son correctas.

10. b) No inferior a diez días ni superior a quince.

11. d) Todas las respuestas son correctas.

12. c) La terminación convencional.

13. a) Siete días.

14. d) Tres meses.

15. a) La caducidad no producirá por sí sola la prescripción de las acciones del particular o de la Administración, pero los procedimientos caducados interrumpirán el plazo de prescripción.

16. a) Ninguno.

17. a) La incomparecencia en este trámite podrá impedir a los interesados interponer los recursos procedentes contra la resolución definitiva del procedimiento.

18. d) La resolución.

19. b) Quince días.

20. d) En ningún caso.

Ley de Prevención de Riesgos Laborales: Conceptos básicos. Derechos y obligaciones en materia de seguridad en el trabajo. Organización de la prevención de riesgos laborales en la Comunidad Autónoma de Aragón. Distribución de funciones y responsabilidades en materia de prevención de riesgos laborales entre los diferentes órganos del Servicio Aragonés de Salud

1. ¿Cuál es la vigente Ley de Prevención de Riesgos Laborales?

a) Ley 32/1995, de 8 de noviembre.
b) Ley 30/1996, de 8 de noviembre.
c) Ley 31/1995, de 6 de noviembre.
d) Ley 31/1995, de 8 de noviembre.

2. La Ley de Prevención de Riesgos laborales, tiene por objeto:

a) Prevenir los accidentes en general.
b) Evitar riesgos en el recorrido al puesto de trabajo.
c) Promover la seguridad y la salud de los trabajadores.
d) Que cada vez haya menos accidentes de tráfico.

3. ¿Qué se entiende por "riesgo laboral"?

a) La posibilidad de que un trabajador sufra un determinado daño derivado del trabajo.
b) La posibilidad de que un trabajador sufra una enfermedad en el trabajo.
c) La posibilidad de que un trabajador sufra acoso.
d) El riesgo que supone el ir a trabajar.

4. Indica cuál es la definición de prevención:

a) La probabilidad racional de que un riesgo se materialice de forma inminente.
b) El estudio de los procesos potencialmente peligrosos para el trabajo.
c) Conjunto de actividades o medidas adoptadas o previstas en todas las fases de actividad de la empresa con el fin de evitar o disminuir los riesgos derivados del trabajo.
d) Posibilidad de que un trabajador sufra un determinado daño derivado del trabajo.

5. Según establece el art. 4 de la Ley 31/1995, de 8 de noviembre, de Prevención de Riesgos Laborales, se define como daños derivados del trabajo:

a) La posibilidad de que un trabajador sufra un determinado daño derivado del trabajo.

b) El que resulte probable racionalmente que se materialice en un futuro inmediato y pueda suponer y pueda suponer un daño grave para la salud de los trabajadores.

c) Las enfermedades, patologías o lesiones sufridas con motivo u ocasión del trabajo.

d) Cualquier máquina, aparato, instrumento o instalación utilizada en el trabajo.

6. Señala la respuesta incorrecta:

a) La Ley de Prevención de Riesgos Laborales se aplica a los operativos de Seguridad civil en casos de catástrofe.

b) La Ley de Prevención de Riesgos Laborales se aplica a las sociedades cooperativas.

c) En el ámbito de la relación laboral de carácter especial del servicio del hogar familiar, las personas trabajadoras tienen derecho a una protección eficaz en materia de seguridad y salud en el trabajo.

d) En los establecimientos penitenciarios, se adaptarán a la Ley de Prevención de Riesgos Laborales aquellas actividades cuyas características justifiquen una regulación especial.

7. Para calificar un riesgo desde el punto de vista de su gravedad, se valorarán conjuntamente la severidad del daño y:

a) La probabilidad de que se produzca.

b) La cantidad de trabajadores de la empresa.

c) La existencia o no de equipos individuales de protección.

d) Las condiciones de trabajo.

8. Con el objetivo de detectar y prevenir posibles situaciones en las que los daños derivados del trabajo puedan aparecer vinculados con el sexo de los trabajadores, las Administraciones Públicas promoverán la efectividad del principio de:

a) Corresponsabilidad.

b) Igualdad entre mujeres y hombres.

c) Discriminación positiva.

d) Protección de la maternidad.

9. Según el artículo 8.2 de la Ley 31/1995, el Instituto Nacional de Seguridad y Salud en el Trabajo, en el marco de sus funciones, velará por la coordinación, apoyará el intercambio de información y las experiencias entre las distintas Administraciones públicas y especialmente fomentará y prestará apoyo a la realización de actividades de promoción de la seguridad y de la salud por las Comunidades Autónomas. Asimismo, prestará, de acuerdo con las Administraciones competentes, apoyo técnico especializado en materia de certificación, ensayo y:

a) Evaluación.

b) Normalización.

c) Divulgación.
d) Acreditación.

10. La regulación de los requisitos mínimos que deben reunir las condiciones de trabajo para la protección de la seguridad y la salud de los trabajadores, corresponde a:

a) Las Cortes Generales.
b) El Gobierno de la nación, previa consulta a las organizaciones sindicales y empresariales más representativas.
c) El Consejo de Gobierno de cada Comunidad Autónoma; por delegación del Consejo de Ministros.
d) Los Convenios Colectivos.

11. La Comisión Nacional de Seguridad y Salud en el Trabajo, está compuesta por:

a) Representantes de las organizaciones sindicales y empresariales.
b) Un representante de cada una de las Comunidades Autónomas y representantes de las organizaciones sindicales y empresariales.
c) Representantes de la Administración y representantes de las organizaciones sindicales y empresariales.
d) Un representante de cada una de las Comunidades Autónomas y por igual número de miembros de la Administración General del Estado y, paritariamente con todos los anteriores, por representantes de las organizaciones empresariales y sindicales más representativas.

12. La función de vigilancia y control de la normativa sobre prevención de riesgos laborales corresponde:

a) A la Dirección General de Personal y Desarrollo Profesional.
b) A la Delegación Provincial de Trabajo.
c) A la Inspección de Trabajo y Seguridad Social.
d) Al Servicio de Medicina Preventiva.

13. Entre los principios de la acción preventiva recogidos por el artículo 15 de la Ley de Prevención de Riesgos Laborales, no figura:

a) Evitar los riesgos.
b) Evaluar los riesgos que se puedan evitar.
c) Tener en cuenta la evolución de la técnica.
d) Dar las debidas instrucciones a los trabajadores.

14. Los instrumentos esenciales para la gestión y aplicación del Plan de prevención de riesgos laborales son

a) La evaluación de riesgos y la planificación de la actividad preventiva.
b) La evaluación inicial de riesgos y la formación.

c) La planificación y la gestión de la actividad preventiva.

d) La identificación y la evaluación de los riesgos.

15. Según la Ley de Prevención de Riesgos Laborales, es obligación de los trabajadores en materia de prevención de riesgos:

a) La protección eficaz en materia de seguridad y salud en el trabajo.

b) Utilizar correctamente los medios y equipos de protección facilitados por el empresario, de acuerdo con las instrucciones recibidas de éste.

c) Soportar el coste de las medidas relativas a la seguridad y la salud en el trabajo.

d) Desarrollar una acción permanente de seguimiento de la actividad preventiva.

16. Cuando los trabajadores estén expuestos a un riesgo grave e inminente con ocasión de su trabajo, y el empresario no adopte o no permita la adopción de las medidas necesarias para garantizar la seguridad y la salud de los trabajadores, la Ley 31/1995, de 8 de noviembre, de Prevención de Riesgos Laborales prevé que:

a) Los trabajadores afectados podrán paralizar la actividad.

b) El órgano de representación del personal instará formalmente al empresario a la adopción de las medidas necesarias.

c) Los Delegados de Prevención lo comunicarán a la autoridad laboral, que adoptará las medidas necesarias.

d) El órgano de representación de personal podrá acordar la paralización de la actividad.

17. El posible cambio de puesto de trabajo con riesgo para una trabajadora embarazada

a) Deberá realizarse en caso de imposibilidad de adaptación del propio puesto.

b) Se hará previo informe en tal sentido del Servicio de Prevención.

c) Se determinará por el empresario, y dará información a los representantes de los trabajadores.

d) Se extenderá al período de lactancia.

18. ¿Cuándo se deben utilizar los equipos de protección individual?:

a) Siempre.

b) Cuando los riesgos no hayan sido evaluados.

c) Cuando los riesgos no se puedan evitar o no puedan limitarse.

d) Cuando el trabajador lo estime oportuno.

19. Según el artículo 19 de la Ley de Prevención de Riesgos Laborales, la formación teórica y práctica en materia preventiva deberá:

a) Impartirse en horario dentro de la jornada de trabajo.

b) Impartirse por igual en jornada de trabajo y fuera del horario de trabajo.

c) Impartirse, siempre que sea posible, dentro de la jornada de trabajo o, en su defecto, en otras horas, pero con el descuento en aquella del tiempo invertido en la misma.

d) La formación teórica siempre debe ser en horario dentro de la jornada de trabajo y la formación práctica puede impartirse tanto dentro como fuera de la jornada de trabajo.

20. Las trabajadoras embarazadas ¿tienen derecho a ausentarse del trabajo para la realización de exámenes prenatales y técnicas de preparación al parto?

a) Sí, con derecho a remuneración, previo aviso al empresario y justificación de la necesidad de su realización dentro de la jornada de trabajo.

b) Sí, con derecho a remuneración, sin necesidad de avisar al empresario ni justificar la necesidad de su realización dentro de la jornada de trabajo.

c) Sí, sin derecho a remuneración, previo aviso al empresario y justificación de la necesidad de su realización dentro de la jornada de trabajo.

d) No, en ningún caso.

En MADTEST tienes **más preguntas de este tema** y todos tus avances quedan registrados y se reflejan en el ranking.

¡Supera tus límites con MADTEST!

Solución al test n.º 9

1. d) Ley 31/1995, de 8 de noviembre.

2. c) Promover la seguridad y la salud de los trabajadores.

3. a) La posibilidad de que un trabajador sufra un determinado daño derivado del trabajo.

4. c) Conjunto de actividades o medidas adoptadas o previstas en todas las fases de actividad de la empresa con el fin de evitar o disminuir los riesgos derivados del trabajo.

5. c) Las enfermedades, patologías o lesiones sufridas con motivo u ocasión del trabajo.

6. a) La Ley de Prevención de Riesgos Laborales se aplica a los operativos de Seguridad civil en casos de catástrofe.

7. a) La probabilidad de que se produzca.

8. b) Igualdad entre mujeres y hombres.

9. d) Acreditación.

10. b) El Gobierno de la nación, previa consulta a las organizaciones sindicales y empresariales más representativas.

11. d) Un representante de cada una de las Comunidades Autónomas y por igual número de miembros de la Administración General del Estado y, paritariamente con todos los anteriores, por representantes de las organizaciones empresariales y sindicales más representativas.

12. c) A la Inspección de Trabajo y Seguridad Social.

13. b) Evaluar los riesgos que se puedan evitar.

14. a) La evaluación de riesgos y la planificación de la actividad preventiva.

15. b) Utilizar correctamente los medios y equipos de protección facilitados por el empresario, de acuerdo con las instrucciones recibidas de éste.

16. d) El órgano de representación de personal podrá acordar la paralización de la actividad.

17. a) Deberá realizarse en caso de imposibilidad de adaptación del propio puesto.

18. c) Cuando los riesgos no se puedan evitar o no puedan limitarse.

19. c) Impartirse, siempre que sea posible, dentro de la jornada de trabajo o, en su defecto, en otras horas, pero con el descuento en aquella del tiempo invertido en la misma.

20. a) Sí, con derecho a remuneración, previo aviso al empresario y justificación de la necesidad de su realización dentro de la jornada de trabajo.

Materia Específica

TEST N.º 10

Nociones Básicas de la asistencia sanitaria I. La Atención Primaria: los órganos directivos, la Zona Básica de Salud, los Equipos de Atención Primaria y el Centro de Salud. La actuación del Celador en la Atención Primaria

1. ¿A qué tipo de atención sanitaria nos referimos en un sistema nacional de salud cuando éste constituye un nivel superespecializado del sistema? Atención…

a) Primaria.
b) Especializada.
c) Secundaria.
d) Terciaria.

2. ¿Qué evento internacional contribuyó más eficazmente a la definición y desarrollo de la atención primaria en materia de salud, como nueva concepción de la atención sanitaria?

a) Declaración de Alma-Ata.
b) Declaración de Lisboa.
c) Declaración Universal de los Derechos Humanos.
d) Declaración de Copenhague.

3. ¿Qué nivel de salud constituye aquella atención sanitaria más básica y de acceso ordinario de la población al Sistema Sanitario Público, y se caracteriza por prestar atención integral a la salud? Nivel…

a) Primario.
b) Secundario.
c) Terciario.
d) Cuaternario.

4. ¿Qué servicios no presta la atención primaria de salud?

a) Diagnóstico y tratamiento necesarios para resolver los principales problemas de salud.
b) Promoción y prevención de salud en una comunidad.

c) Rehabilitación necesaria para resolver los principales problemas de salud en una comunidad.

d) Presta todos los anteriores.

5. ¿Qué caracteriza esencialmente a la atención primaria de salud?

a) Su carácter sostenible.
b) Su concepción de atención individual y no colectiva.
c) Su carácter integral.
d) Todo lo anterior es cierto.

6. ¿Cómo se denominan habitualmente los centros de atención primaria de salud?

a) Centros de salud.
b) Consultorios de cupo.
c) Ambulatorios.
d) Consultas externas.

7. ¿Qué tipo de asistencia sanitaria no se lleva a cabo en atención primaria?

a) Domiciliaria.
b) Ambulatoria.
c) Hospitalaria.
d) De urgencias.

8. ¿En qué normativa se contempla el derecho constitucional a la protección de la Salud y se recogen las bases de su regulación; así como el carácter prioritario de las medidas en el campo de la Atención Primaria?

a) Real Decreto 137/1984.
b) Ley 16/2003.
c) Ley 14/1986.
d) Ley 6/2002.

9. ¿Mediante qué normativa se consideró por primera vez la Zona de Salud como marco territorial de la atención primaria de salud?

a) Real Decreto 137/1984.
b) Real Decreto 160/2007.
c) Real Decreto 125/1998.
d) Ley 6/2002.

10. ¿Qué normativa regula la Ordenación funcional de la Atención Primaria en Aragón?

a) Ley 16/2003.
b) Ley 14/1986.

c) Ley 6/2002.
d) Real Decreto 174/2010.

11. ¿Dónde prestarán y desarrollan su actividad mediante la atención integral a la salud los profesionales del equipo de Atención Primaria?

a) Zona básica de salud.
b) Consultorios de cupo.
c) Zona comarcal de salud.
d) Zona mancomunada de salud.

12. ¿Qué tipo de asistencia sanitaria garantizará la atención primaria de salud tanto en la consulta como en el domicilio del enfermo? Asistencia sanitaria...

a) A demanda y urgente.
b) A demanda y programada.
c) A demanda, programada y urgente.
d) Especializada y urgente.

13. ¿Qué actividad sanitaria no se desarrollará en atención primaria de salud?

a) Atención paliativa a enfermos terminales.
b) Atención a la salud bucodental.
c) Rehabilitación especializada, neurológica y traumatológica.
d) Educación sanitaria y promoción de la salud.

14. ¿Cuál es el Real Decreto marco que establece como mínimo, los servicios comunes del Sistema Nacional de Salud de la Cartera de Servicios del Sistema de Salud de Aragón, además de los propios?

a) Real Decreto 65/2007.
b) Real Decreto 1030/2006.
c) Real Decreto 137/1984.
d) Real Decreto 216/1996.

15. ¿Cómo será la consulta domiciliaria en atención primaria?

a) Abierta o cerrada.
b) Pura o mixta.
c) Concertada o a demanda.
d) Ninguna de las anteriores.

16. ¿Dónde se debe hacer la Declaración obligatoria de reacciones adversas a medicamentos? Se debe hacer en...

a) Centro de declaración obligatoria de enfermedades.
b) Centro de registro de enfermedades atendiendo al CIE-10.

c) Centro de Farmacocinética apropiado.

d) Centro de Farmacovigilancia pertinente.

17. ¿Qué afirmación es incorrecta de la rehabilitación básica que se realiza en atención primaria de salud?

a) Se efectúa previa indicación médica y de acuerdo con los programas de cada servicio de salud.

b) Se llevará a cabo en los pacientes que la requieran, si se considera necesaria por circunstancias clínicas o por limitaciones en la accesibilidad.

c) Comprende las actividades de educación, prevención y rehabilitación que son susceptibles de realizarse en este ámbito.

d) Nunca se puede realizar en régimen ambulatorio.

18. ¿Generalmente qué esperanza de vida poseerán los enfermos susceptibles de atención paliativa por ser terminales? Inferior a...

a) Un mes de vida.

b) Tres meses de vida.

c) Seis meses de vida.

d) Un año de vida.

19. ¿Cómo se llevará a cabo la atención a la salud mental en atención primaria?

a) En coordinación con los servicios de atención especializada.

b) Sin coordinación alguna con los servicios de atención especializada.

c) Nunca de manera ambulatorial, y en coordinación con centros privados especializados, con cierta analogía a lo que ocurre con la atención a la salud bucodental (PADI).

d) No se llevará a cabo en atención primaria, ya que pertenece exclusivamente a la atención secundaria.

20. ¿Qué periodicidad tendrán las consultas en aquellas poblaciones o puntos geográficos donde no radique el Centro de Salud con 285 habitantes?

a) Consulta de 2 días a la semana.

b) Consulta de 3 días a la semana.

c) Consulta de 4 días a la semana.

d) Consulta de 5 días a la semana.

En MADTEST tienes **más preguntas de este tema** y todos tus avances quedan registrados y se reflejan en el ranking.

¡Supera tus límites con MADTEST!

Solución al test n.º 10

1. d) Terciaria.

2. a) Declaración de Alma-Ata.

3. a) Primario.

4. d) Presta todos los anteriores.

5. c) Su carácter integral.

6. a) Centros de salud.

7. c) Hospitalaria.

8. c) Ley 14/1986.

9. a) Real Decreto 137/1984.

10. c) Ley 6/2002.

11. a) Zona básica de salud.

12. c) A demanda, programada y urgente.

13. c) Rehabilitación especializada, neurológica y traumatológica.

14. b) Real Decreto 1030/2006.

15. c) Concertada o a demanda.

16. d) Centro de Farmacovigilancia pertinente.

17. d) Nunca se puede realizar en régimen ambulatorio.

18. c) Seis meses de vida.

19. a) En coordinación con los servicios de atención especializada.

20. b) Consulta de 3 días a la semana.

Nociones básicas de la asistencia sanitaria II. La Atención Especializada: los órganos directivos, reglamento de estructura y organización y funcionamiento en la Atención Especializada. Hospitales de la Comunidad Autónoma de Aragón. Unidades y Servicios Hospitalarios

1. ¿Cuál de estos es un motivo de acceso de un paciente a la atención de urgencia en los hospitales?

a) Remitido por facultativo de atención primaria.
b) Remitido por facultativo de atención especializada.
c) Por razones de urgencia o riesgo vital que pudieran requerir medidas terapéuticas exclusivas del medio hospitalario.
d) Son motivos todos los anteriores.

2. ¿En qué normativa se define la Ordenación Sanitaria de Salud de Aragón?

a) Real Decreto 137/1984.
b) Real Decreto 160/2007.
c) Ley 14/1986.
d) Ley 6/2002.

3. ¿En torno a qué instituciones se estructura básicamente la asistencia especializada?

a) Los Centros médicos de especializadas.
b) Los hospitales.
c) Los hospitales de día.
d) Los Centros médicos de especializadas y los hospitales.

4. ¿Cómo se denomina a nivel normativo (Decreto Legislativo 2/2004, gobierno de Aragón) el establecimiento encargado tanto del internamiento clínico como de la asistencia especializada y complementaria que requiera su zona de influencia?

a) Consulta Externa especializada.
b) Centro Diagnóstico especializado.
c) Hospital.
d) Clínica sanitaria.

5. ¿Qué afirmación respecto a los centros de especializadas a nivel normativo es falsa (Decreto 174/2010 de Aragón)?

a) Su organización y funcionamiento deben permitir la aplicación de criterios de alta resolución de la demanda.
b) Son instituciones sanitarias exclusivamente de Atención Especializada.
c) Nunca prestan sus servicios a la población en régimen ambulatorio, sino al contrario.
d) Deben disponer del equipamiento y recursos sanitarios precisos para llevas a cabo su actividad sanitaria especializada.

6. ¿Cuál es una característica prácticamente exclusiva de la Atención especializada en Salud?

a) Ofrecer una cobertura sanitaria totalizadora, ya que en su seno se agotan todas las posibilidades del sistema de salud.
b) Nueva concepción de la asistencia sanitaria, individual y colectiva, en la que no sólo se curan individuos enfermos sino que se promociona la salud y se educan individuos sanos.
c) Comprende: la educación sobre los principales problemas de salud y sobre los métodos de prevención y lucha correspondientes.
d) Ninguna de las anteriores.

7. ¿Qué tipo de atención especializada se puede prestar en los Centros de salud?

a) Ninguna, sólo se atiende atención primaria y básica.
b) Medicina Interna.
c) Neurología.
d) Pediatría-Puericultura.

8. ¿En qué régimen propiamente no se presta la atención especializada? En régimen de...

a) Atención domiciliaria.
b) Domiciliación hospitalaria.
c) Tipo ambulatorial.
d) Internamiento.

9. ¿Qué afirmación es incorrecta respecto a la organización actual de la atención sanitaria especializada con el fin de conseguir los objetivos de la reforma sanitaria general?

a) Visión de una concepción integral del sistema de salud.

b) La gratuidad de la asistencia, o al menos de un porcentaje de la misma como gratuita (máximo mayor del 40% de gratuidad).

c) Una apropiada coordinación de todas las estructuras sanitarias.

d) Descentralización de competencias.

10. ¿Qué ley establece el contenido de las prestaciones de atención especializada?

a) Ley 2/2010.

b) Ley 16/2003.

c) Ley 14/1986.

d) Ley 6/2002.

11. ¿Qué actividades de estas no comprende la atención especializada? Actividades...

a) Diagnósticas, terapéuticas y de rehabilitación y cuidados.

b) Asistenciales.

c) De promoción de la salud, educación sanitaria y prevención de la enfermedad.

d) Todas las anteriores.

12. ¿Dónde se debe prestar la atención especializada, siempre que las condiciones del paciente lo permitan? Se debe prestar...

a) En consultas externas.

b) En Internamiento y régimen ambulatorial.

c) En hospital de día.

d) En consultas externas y en hospital de día.

13. ¿Qué tipo de asistencia especializada recibirán aquellos pacientes que precisen cuidados especializados continuados, médicos o de enfermería, incluida la cirugía mayor en cuanto no requiera estancia hospitalaria? Aquella en régimen...

a) Ambulatorial en consultas externas.

b) De hospitalización.

c) Ambulatorial en hospital de día.

d) Ambulatorial mediante cirugía menor.

14. ¿Qué tipo de acceso a la asistencia especializada será aquel que se realizará por indicación de los demás servicios especializados, conforme al procedimiento que se establezca por los servicios de salud, tal y como se establece en el art. 15.2 de la LGS? Acceso...

a) A la Asistencia ambulatoria Especializada.
b) A la Asistencia en régimen de hospitalización.
c) A los servicios hospitalarios de referencia.
d) A ninguno de los anteriores.

15. ¿Cuál será el horario de la atención de urgencia en los hospitales a los pacientes no ingresados que sufran una situación clínica aguda que obligue a una atención inmediata de los servicios del hospital? Se prestará...

a) De 8 a 20 horas.
b) De 20 horas hasta las 8 del día siguiente.
c) De 12 de la noche a 12 de la mañana del día siguiente.
d) Las 24 horas del día.

16. ¿Quién preside la Comisión de Dirección en los hospitales en los que no existe Director Gerente?

a) El Director de Enfermería.
b) El Director Médico.
c) El Director de Personal.
d) El Subdirector Gerente.

17. ¿Con qué periodicidad se reúne la Comisión de Dirección?

a) Anualmente.
b) Semestralmente.
c) Trimestralmente.
d) Semanalmente.

18. ¿Cuál es el órgano colegiado de asesoramiento de la Comisión de Dirección del hospital, en lo relativo a actividad asistencial, así como de participación de los profesionales en el mecanismo de toma de decisiones que afecten a sus actividades?

a) La Comisión de Bienestar Social.
b) La Junta Técnico-Asistencial.
c) La Comisión Central de Garantía de la Calidad.
d) El Consejo Nacional de Asistencia Sanitaria.

19. ¿Cuántas veces al año se reúne como mínimo la Junta Técnico-Asistencial?

a) Seis veces al año.
b) Cinco veces al año.
c) Tres veces al año.
d) Dos veces al año.

20. Señale la respuesta correcta respecto a la Comisión Central de Garantía de la Calidad:

a) Los miembros de las Comisiones Clínicas no deben superar el número de seis.
b) Los miembros de las Comisiones Clínicas serán nombrados por la Junta Técnico-Asistencial, a propuesta de la Dirección Médica.
c) Es el organismo técnico de elaboración y trabajo en las áreas de Calidad Asistencial y Adecuación Tecnológica.
d) Actúa como órgano de asesoramiento temporal a la Dirección Médica y a la Junta Técnico-Asistencial.

En MADTEST tienes **más preguntas de este tema** y todos tus avances quedan registrados y se reflejan en el ranking.

¡Supera tus límites con MADTEST!

Solución al test n.º 11

1. d) Son motivos todos los anteriores.

2. d) Ley 6/2002.

3. d) Los Centros médicos de especializadas y los hospitales.

4. c) Hospital.

5. c) Nunca prestan sus servicios a la población en régimen ambulatorio, sino al contrario.

6. a) Ofrecer una cobertura sanitaria totalizadora, ya que en su seno se agotan todas las posibilidades del sistema de salud.

7. d) Pediatría-Puericultura.

8. a) Atención domiciliaria.

9. b) La gratuidad de la asistencia, o al menos de un porcentaje de la misma como gratuita (máximo mayor del 40% de gratuidad).

10. b) Ley 16/2003.

11. d) Todas las anteriores.

12. d) En consultas externas y en hospital de día.

13. c) Ambulatorial en hospital de día.

14. c) A los servicios hospitalarios de referencia.

15. d) Las 24 horas del día.

16. b) El Director Médico.

17. d) Semanalmente.

18. b) La Junta Técnico-Asistencial.

19. a) Seis veces al año.

20. c) Es el organismo técnico de elaboración y trabajo en las áreas de Calidad Asistencial y Adecuación Tecnológica.

TEST N.º 12

**El derecho a la información y la confidencialidad.
El régimen jurídico de la protección de datos de carácter personal.
Disposiciones generales. Principios de la protección de datos.
Derechos de las personas. Responsable y encargado
del tratamiento. La tarjeta sanitaria**

1. ¿Cómo se actuará cuando debido a una situación de urgencia, no pueda obtenerse el consentimiento adecuado del afectado?

a) Se informará a la guardia civil del hecho.
b) Se informará a su médico de cabecera.
c) Se podrá proceder inmediatamente a cualquier intervención indispensable desde el punto de vista médico a favor de la salud de la persona afectada.
d) No se podrá hacer nada de lo anterior.

2. ¿Qué fundamento ético es aquel que exige que todas las personas sean tratadas con el mismo respeto y consideración en el orden social?

a) Justicia.
b) No maleficencia.
c) Autonomía.
d) Beneficencia.

3. El consentimiento informado (aceptación):

a) Culmina siempre con la aceptación del paciente a un procedimiento diagnóstico o terapéutico.
b) Culmina con la aceptación/negación del paciente a un procedimiento diagnóstico o terapéutico.
c) Se contempla como un proceso de transmisión de responsabilidades hacia el paciente.
d) Debe constar siempre por escrito.

4. Si un paciente se niega a firmar el Consentimiento Informado:

a) El médico especialista tiene el deber de ejercer la presión necesaria para que cambie de opinión, ya que es lo mejor para su salud.
b) Se le debe instar a firmar su "no autorización" y el alta voluntaria.
c) El enfermo tiene la obligación de revelar por escrito las causas que le llevan a tomar esta decisión.
d) El enfermo no puede negarse, bajo ningún concepto.

5. El derecho de toda persona a que se respete el carácter confidencial de los datos referentes a su salud, se trata del derecho a:

a) La salud.
b) La intimidad.
c) La autonomía.
d) La vida.

6. Según normativa, ¿quién es el titular de derecho a la información asistencial?

a) Exclusivamente el paciente.
b) El paciente y sus familiares.
c) El paciente, sus familiares y si lo hubiese el tutor legal o responsable.
d) El paciente y su cónyuge exclusivamente.

7. Indica la respuesta correcta:

a) Toda persona tiene derecho a que se respete su voluntad de no ser informada.
b) La información, que como regla general, se proporcionará por escrito.
c) Ambas son correctas.
d) El derecho a la información asistencial, se regula en el artículo 5 de la Ley 41/2002.

8. La información comprende como mínimo:

a) La finalidad de cada intervención.
b) La naturaleza de cada intervención.
c) Sus riesgos y consecuencias.
d) Todas son correctas.

9. La información clínica será, según indica el artículo 4 de la Ley 41/2002:

a) Breve.
b) Coherente.

c) Adecuada a sus necesidades.
d) Ninguna es correcta.

10. La finalidad de la información clínica es:

a) Dar asistencia sanitaria.
b) Ayudar a tomar una decisión de acuerdo con su propia y libre voluntad.
c) Garantizar el derecho a la información.
d) Cumplir con la obligación establecida.

11. Los pacientes tienen derecho a conocer, con motivo de cualquier actuación en el ámbito de su salud, toda la información disponible sobre la misma:

a) Siempre.
b) Salvando los supuestos exceptuados por la ley.
c) Salvo excepciones establecidas reglamentariamente.
d) Salvo por razones de interés público.

12. ¿Dónde debe dirigirse para realizar los trámites relacionados con la Tarjeta Sanitaria en Aragón?

a) Únicamente en las oficinas del INSS.
b) En cualquier hospital de Aragón.
c) En el Servicio de Admisión o en el Servicio de Información y Atención al Usuario del Centro de Salud de Atención Primaria correspondiente a su domicilio.
d) Solo en las oficinas del Ayuntamiento de su localidad.

13. ¿Qué documento NO es necesario para solicitar la Tarjeta Sanitaria en Aragón?

a) DNI, NIE o Pasaporte en vigor.
b) Volante o Certificado de Inscripción en el Padrón Municipal.
c) Documento que acredite la condición de asegurado o beneficiario del INSS.
d) Carné de conducir.

14. ¿Cuál es el documento individual y personalizado que identifica y acredita al usuario para acceder a los servicios sanitarios de la Seguridad Social propios de la misma?

a) DNI.
b) NIF.
c) Tarjeta sanitaria individual.
d) Carné de SNE.

15. ¿Qué artículo de la ley de Cohesión y Calidad del Sistema Nacional de Salud regula las tarjetas sanitarias individuales?

a) El artículo 17.
b) El artículo 26.
c) El artículo 42.
d) El artículo 57.

16. Las tarjetas sanitarias individuales deberán adaptarse, a nivel de normalización:

a) A la que pueda establecerse para el conjunto de las Administraciones Públicas.
b) A la que pueda establecerse en el seno de la Unión Europea.
c) Exclusivamente a la que pueda establecerse en su propia Comunidad Autónoma.
d) A la que pueda establecerse para el conjunto de las Administraciones Públicas y en el seno de la Unión Europea.

17. Cuando los plazos se señalen por días en el RGPD o en la LO 3/2018, se entiende que estos:

a) Son naturales.
b) Son hábiles, de lunes a sábado; excluyéndose del cómputo los domingos y los declarados festivos.
c) Son naturales; excluyéndose del cómputo los declarados festivos.
d) Son hábiles, excluyéndose del cómputo los sábados, los domingos y los declarados festivos.

18. El RGPD denomina a la autoridad pública independiente establecida por un Estado miembro:

a) Agencia Nacional de Protección de Datos.
b) Representante.
c) Autoridad de control.
d) Autoridad de referencia.

19. Cómo denomina el RGPD el tratamiento de datos personales de manera tal que ya no puedan atribuirse a un interesado sin utilizar información adicional, siempre que dicha información adicional figure por separado y esté sujeta a medidas técnicas y organizativas destinadas a garantizar que los datos personales no se atribuyan a una persona física identificada o identificable:

a) Seudonimización.
b) Anonimización.
c) Generalización.
d) Encriptación.

20. El RGPD lo define como la persona física o jurídica, autoridad pública, servicio u otro organismo que trate datos personales por cuenta del responsable del tratamiento:

a) El Delegado.
b) El Encargado.
c) El Representante.
d) El Tratante.

En MADTEST tienes **más preguntas de este tema** y todos tus avances quedan registrados y se reflejan en el ranking.

¡Supera tus límites con MADTEST!

Solución al test n.º 12

1. c) Se podrá proceder inmediatamente a cualquier intervención indispensable desde el punto de vista médico a favor de la salud de la persona afectada.

2. a) Justicia.

3. b) Culmina con la aceptación/negación del paciente a un procedimiento diagnóstico o terapéutico.

4. b) Se le debe instar a firmar su "no autorización" y el alta voluntaria.

5. b) La intimidad.

6. a) Exclusivamente el paciente.

7. a) Toda persona tiene derecho a que se respete su voluntad de no ser informada.

8. d) Todas son correctas.

9. c) Adecuada a sus necesidades.

10. b) Ayudar a tomar una decisión de acuerdo con su propia y libre voluntad.

11. b) Salvando los supuestos exceptuados por la ley.

12. c) En el Servicio de Admisión o en el Servicio de Información y Atención al Usuario del Centro de Salud de Atención Primaria correspondiente a su domicilio.

13. d) Carné de conducir.

14. c) Tarjeta sanitaria individual.

15. d) El artículo 57.

16. d) A la que pueda establecerse para el conjunto de las Administraciones Públicas y en el seno de la Unión Europea.

17. d) Son hábiles, excluyéndose del cómputo los sábados, los domingos y los declarados festivos.

18. c) Autoridad de control.

19. a) Seudonimización.

20. b) El Encargado.

TEST N.º 13

El personal subalterno: Funciones del Celador y del Jefe de Personal Subalterno. La atención al usuario. Habilidades sociales y de comunicación. La comunicación con pacientes y usuarios. Colectivos con problemas de comunicación. Gestión de conflictos. Funciones de vigilancia y control. El traslado de documentos y objetos

1. ¿Cuál de las siguientes afirmaciones es correcta sobre el personal subalterno en la sanidad española?

a) El personal subalterno realiza tareas técnicas sin supervisión.
b) El personal subalterno se enmarca en una categoría homogénea.
c) Las funciones del personal subalterno dependen del puesto de trabajo ocupado y se realizan bajo supervisión.
d) En la sanidad española, el personal subalterno no se divide en escalas ni clases.

2. Los celadores/as, en el ejercicio de sus funciones:

a) Darán cuenta a los familiares y visitantes sobre diagnósticos, exploraciones y tratamientos.
b) Desempeñará tareas técnicas sanitarias específicas.
c) Harán los servicios de guardia que correspondan dentro de los turnos que se establezcan.
d) Hará cumplir las órdenes a sus compañeros.

3. Cuando el/la celador/a observe desperfectos o anomalías en la limpieza y conservación del edificio y material, lo deberá comunicar:

a) Al jefe de subalternos.
b) Al jefe de turnos.
c) Al personal de limpieza.
d) Al/a la responsable de planta o unidad donde ocurra el incidente.

4. Según el Estatuto de 1971, ¿cuál de las siguientes opciones describe correctamente las áreas de funciones del celador/a?

a) Las funciones del celador/a se dividen en tres áreas: guardia y vigilancia, cuidado del paciente, y tareas propias específicas.

b) Las funciones del celador/a solo se dividen en dos áreas: guardia y vigilancia, y cuidado del paciente.

c) Las funciones del celador/a se dividen en cuatro áreas: guardia y vigilancia, cuidado del paciente, tareas propias específicas, y administración.

d) Las funciones del celador/a no se dividen en áreas específicas.

5. Según el Estatuto de Personal no sanitario, ¿cuándo deberán los celadores realizar labores de limpieza de manera excepcional?

a) Nunca, no es función propia de un celador.

b) Cuando exista saturación de trabajo en el servicio en el que se encuentre y así se le encomiende.

c) Cuando su realización por el personal femenino no sea idónea o decorosa.

d) Cuando exista escasez de personal.

6. Señala cuál de las siguientes es la definición correcta de comunicación aportada por la UNESCO:

a) Proceso mediante el cual se transmite información, sentimientos, pensamientos, y/o cualquier otra cosa que pueda ser transmitida.

b) Proceso en el que intervienen dos elementos: emisor y receptor.

c) Proceso de interacción social, a través de un intercambio equilibrado de información y experiencia entre un emisor y un receptor.

d) Transmisión de señales mediante un código común entre el emisor y receptor.

7. En función del medio o canal la comunicación se clasifica en:

a) Oral, escrita y auditiva.

b) Oral y audiovisual.

c) Oral, por gesto, escrita y por símbolos.

d) Oral, escrita y gestos.

8. Son técnicas activas de comunicación:

a) La escucha activa.

b) Los gestos.

c) La sonrisa.

d) Comunicación impersonal.

9. Señala el enunciado correcto en relación con el feedback de la comunicación:

a) La retroalimentación indica cómo se ha establecido el mensaje entre ambas partes y se comprende lo que se quiere transmitir.
b) A través del *feedback* la fuente puede comprobar en qué grado el mensaje se ha descodificado por el receptor.
c) Cuando se establece comunicación entre emisor y receptor se habla de *feedback*.
d) Todas son correctas.

10. Un ruido es:

a) Una injerencia que tiene el emisor.
b) Una injerencia que tiene el receptor.
c) Una interferencia que tiene el mensaje para llegar a su destino.
d) Un elemento de comunicación.

11. ¿Qué tipo de comunicación emplea el/la celador/a cuando emite el mensaje y una vez que es recibido por el receptor, este ejecuta una tarea?

a) Comunicación transversal.
b) Comunicación vertical.
c) Comunicación participativa.
d) Comunicación unidireccional.

12. Según el canal de comunicación, está no puede ser:

a) Unidireccional.
b) Bidireccional.
c) Interna y externa.
d) Multidireccional.

13. En toda actitud hay una serie de componentes; señala de los siguientes cuál no se relaciona con la la actitud:

a) El cognoscitivo.
b) El afectivo.
c) El educativo.
d) El conductual.

14. ¿Qué aspecto es propio de la escucha activa?

a) No estar en silencio.
b) Atender y demostrarle que se ha entendido y comprendido lo que el enfermo o familiar ha dicho a través de alguna afirmación.
c) Interrumpir a la otra persona para preguntarle sobre lo que nos habla.
d) Responder siempre a lo manifestado por el paciente.

15. La empatía:

a) Es un elemento fundamental en la relación con los celadores.
b) Es ponerse en el lugar del usuario.
c) Es compartir los sentimientos y la realidad del otro.
d) Todas son correctas.

16. Los celadores encargados del control de entrada y salida:

a) Podrán comprobar, cuando así se les encomiende, el contenido de los bultos o paquetes sospechosos que el personal o los usuarios del Servicio entren o saquen de los locales.
b) No podrán comprobar el contenido de los bultos o paquetes sospechosos que el personal o los usuarios del Servicio entren o saquen de los locales y será su superior inmediato quien lo haga.
c) No podrán comprobar el contenido de los bultos o paquetes sospechosos que el personal o los usuarios del Servicio entren o saquen de los locales y será el personal de Seguridad quien lo haga.
d) Avisará al Jefe de Personal Subalterno para que los dos comprueben el contenido de los bultos o paquetes sospechosos.

17. En caso de que alguna persona de la Institución le pida al celador dejar abierta alguna de las puertas de acceso:

a) Lo hará puesto que está dentro de sus competencias la labor de vigilancia.
b) No podrá permitirlo puesto que no es competencia de un celador.
c) Deberá ponerlo en conocimiento del Jefe de Personal Subalterno.
d) La persona que solicite la apertura deberá obtener una autorización previa del Jefe de Personal Subalterno y entregarla al celador para que pueda acceder a dicha petición.

18. En relación con la tarjeta de identificación no es cierto que:

a) Sea personal e intransferible.
b) Deberá incluir el puesto de trabajo.
c) En ella deberá constar el DNI.
d) En función del Departamento u Organismo, se deberá incluir la fotografía o en algunos casos valdrá con el nombre y apellidos.

19. ¿Qué ocurre si alguna persona estima que un vigilante se excede en su cometido o trata de ejercitar acciones injustificadas?

a) Lo pondrá en conocimiento de la Inspección General.
b) Lo pondrá en conocimiento de sus Jefes y estos en el de la Inspección General.
c) Deberán anotarlo en el libro de reclamaciones que irá directamente a la Inspección General.
d) Deberá poner una reclamación a la Consejería competente en Sanidad que es la encargada en caso de estas situaciones.

20. La vigilancia, tanto de las entradas de la institución sanitaria, como el acceso y estancias de los familiares y visitas de los enfermos la realizan:

a) Los Técnicos en Cuidados Auxiliares de Enfermería.
b) Los Técnicos Superiores de las Instituciones Sanitarias.
c) Los Celadores.
d) Cualquier miembro del personal del hospital.

En MADTEST tienes **más preguntas de este tema** y todos tus avances quedan registrados y se reflejan en el ranking.

¡Supera tus límites con MADTEST!

Solución al test n.º 13

1. c) Las funciones del personal subalterno dependen del puesto de trabajo ocupado y se realizan bajo supervisión.

2. c) Harán los servicios de guardia que correspondan dentro de los turnos que se establezcan.

3. a) Al jefe de subalternos.

4. a) Las funciones del celador/a se dividen en tres áreas: guardia y vigilancia, cuidado del paciente, y tareas propias específicas.

5. c) Cuando su realización por el personal femenino no sea idónea o decorosa.

6. c) Proceso de interacción social, a través de un intercambio equilibrado de información y experiencia entre un emisor y un receptor.

7. c) Oral, por gesto, escrita y por símbolos.

8. a) La escucha activa.

9. d) Todas son correctas.

10. c) Interferencia que tiene el mensaje para llegar a su destino.

11. b) Comunicación vertical.

12. c) Interna y externa.

13. c) Educativo.

14. b) Atender y demostrarle que se ha entendido y comprendido lo que el enfermo o familiar ha dicho a través de alguna afirmación.

15. d) Todas son correctas.

16. a) Podrán comprobar, cuando así se les encomiende, el contenido de los bultos o paquetes sospechosos que el personal o los usuarios del Servicio entren o saquen de los locales.

17. c) Deberá ponerlo en conocimiento del Jefe de Personal Subalterno.

18. d) En función del Departamento u Organismo, se deberá incluir la fotografía o en algunos casos valdrá con el nombre y apellidos.

19. b) Lo pondrá en conocimiento de sus Jefes y estos en el de la Inspección General.

20. c) Los Celadores.

TEST N.º 14

Funciones de asistencia al personal sanitario. El Celador en su relación con los enfermos: Traslado y movilidad de los mismos. Uso y mantenimiento de material auxiliar y de equipos para la manipulación manual de pacientes. Técnicas de movilización de pacientes. Actuación en la UCI. La actuación del celador en los servicios quirúrgicos. Normas de higiene. Actuación en las habitaciones de los enfermos y estancias comunes

1. Señala cuál de las siguientes tareas deben desempeñar los celadores en los Centros sanitarios:

a) Amortajar a pacientes fallecidos.
b) Realizar las placas radiográficas.
c) Sujetar a los pacientes a los que se les va a realizar lavados gástricos o suturas.
d) Reducir a los pacientes psiquiátricos agitados.

2. Para que pueda denominarse a un número de personas, un grupo, es preciso que concurran una serie de elementos o circunstancias. Señala la respuesta incorrecta:

a) Tener personalidad propia, distinta a la de sus miembros.
b) Perfecta integración de todos sus miembros de modo que estén atemperados los caracteres de los mismos.
c) Decisión voluntaria y consciente por parte de los que lo forman.
d) Consecución de los fines individuales de los integrantes del grupo.

3. La dinámica o funcionamiento de un grupo de trabajo desde el punto de vista subjetivo incluye factores tales como:

a) Determinación del fin a obtener de modo transparente y conocido para todos sus miembros.
b) Decisión por el superior, quien tiene en cuenta las sugerencias de todos los miembros.
c) Capacidad y eficacia en la ejecución del trabajo.
d) Ejecución a través de las funciones de cada miembro.

4. ¿Cómo se denomina al conjunto de personas que desarrolla su labor en un espacio o institución sanitaria, donde cada uno realiza su trabajo, responde individualmente del mismo y no depende directamente del trabajo de sus compañeros?

a) Equipo.
b) Organización.
c) Organigrama.
d) Grupo.

5. Señala cuál de las siguientes características es imprescindible para que exista un equipo de trabajo:

a) Jerarquía.
b) Responsabilidad individual ante el trabajo.
c) Personas relacionadas entre sí.
d) Categorías laborales desiguales.

6. ¿Qué es falso de la posición de decúbito supino?

a) Es una posición utilizada para la exploración del tórax, abdomen, piernas y pies.
b) Se emplea para comenzar con la higiene del enfermo y como punto de partida para diferentes movilizaciones.
c) El plano del cuerpo es paralelo al plano del suelo y al plano horizontal de la cama o camilla.
d) Sus piernas están extendidas y sus brazos alineados a lo largo del cuerpo, estando el paciente acostado sobre su abdomen y pecho.

7. La posición semiprona es:

a) La posición de Fowler.
b) La posición de semiFowler.
c) La posición de Roser.
d) La posición de Sims.

8. Ante situaciones de shock (especialmente hipovolémico) o en casos de lipotimias, hay que colocar al paciente en la posición de:

a) Trendelenburg.
b) Morestin.
c) Roser.
d) Fowler.

9. La posición mahometana es:

a) La posición de litotomía.
b) La posición de Fowler.

c) La posición de Morestin.

d) La posición genupectoral.

10. Cuando la movilización la realiza el propio paciente con la supervisión (sin ayuda física) del profesional sanitario, se dice que es:

a) Activa.

b) Activa auxiliada.

c) Pasiva supervisada.

d) Pasiva.

11. ¿Cuál es la función del celador cuando deba hacerse Rx a los pacientes de la UCI?

a) Manejar el aparato.

b) Colocar el chasis bajo el paciente.

c) Informar al paciente sobre qué se ve en la imagen de Rx.

d) Ayudar al técnico de RX en la movilización de los pacientes.

12. Señala la respuesta incorrecta. ¿Qué tipo de indumentaria será precisa para un celador que trabaje en la UCI/UVI?

a) Bata.

b) Gorro.

c) Calzas.

d) Zuecos.

13. Cuando deba trasladarse a un enfermo en situación crítica desde cualquier unidad a UCI/UVI, el celador irá acompañado de:

a) Otro celador.

b) Un jefe inmediato.

c) Enfermera y médico.

d) Médico de guardia.

14. ¿Cuál es la normativa que recoge cuáles son las funciones propias del celador/a?

a) El Estatuto de Personal no Sanitario al servicio de las Instituciones Sanitarias de la Seguridad Social, artículo 14.2.

b) El Estatuto de Personal Sanitario no facultativo al servicio de las Instituciones Sanitarias de la Seguridad Social, artículo 14.2.

c) El Estatuto Jurídico del Personal Médico de la Seguridad Social.

d) El Estatuto de Personal Subalterno al servicio de las Instituciones Sanitarias de la Seguridad Social, artículo 14.2.

15. ¿Cuántas personas acompañarán al paciente que va a ser trasladado a la UCI?

a) Dos: el médico y la enfermera.

b) Tres: el celador, el médico y la enfermera.

c) Tres: el celador, la enfermera y el TCAE.
d) Cuatro: el celador, el médico, la enfermera y el TCAE.

16. ¿Para qué tipo de pacientes se emplea la cama de levitación?

a) En fractura de miembros superiores.
b) En grandes quemados.
c) En enfermos con úlceras por presión.
d) Las opciones b) y c) son correctas.

17. ¿Qué función posee la barra de tracción?

a) Protector de metal lateral, que evita caídas del enfermo de la cama.
b) Dar mayor rigidez a la cama hospitalaria.
c) Facilitar la incorporación del enfermo.
d) Adaptar al paciente a la cabecera de la cama.

18. ¿Cuál de estos elementos es el primero en el orden de lencería?

a) Hule.
b) Entremetida.
c) Manta.
d) Colcha.

19. ¿Qué número de Celador es recomendable para la técnica de hacer la cama ocupada?

a) Ninguno, ya que se encarga el celador.
b) Uno.
c) Dos.
d) Tres.

20. ¿Qué elementos de estos no puede haber en una cama quirúrgica?

a) Hule o protector.
b) Entremetida.
c) Colchón.
d) Almohada.

En MADTEST tienes **más preguntas de este tema** y todos tus avances quedan registrados y se reflejan en el ranking.

¡Supera tus límites con MADTEST!

Solución al test n.º 14

1. c) Sujetar a los pacientes a los que se les va a realizar lavados gástricos o suturas.

2. d) Consecución de los fines individuales de los integrantes del grupo.

3. c) Capacidad y eficacia en la ejecución del trabajo.

4. d) Grupo.

5. c) Personas relacionadas entre sí.

6. d) Sus piernas están extendidas y sus brazos alineados a lo largo del cuerpo, estando el paciente acostado sobre su abdomen y pecho.

7. d) La posición de Sims.

8. a) Trendelenburg.

9. d) La posición genupectoral.

10. a) Activa.

11. d) Ayudar al técnico de RX en la movilización de los pacientes.

12. d) Zuecos.

13. c) Enfermera y médico.

14. a) El Estatuto de Personal no Sanitario al servicio de las Instituciones Sanitarias de la Seguridad Social, artículo 14.2.

15. b) Tres: el celador, el médico y la enfermera.

16. d) Las opciones b) y c) son correctas.

17. c) Facilitar la incorporación del enfermo.

18. a) Hule.

19. c) Dos.

20. d) Almohada.

TEST N.º 15

**Unidades de psiquiatría. La actuación del Celador en relación
con el enfermo mental. Procedimientos de contención.
La actuación del Celador en relación al enfermo terminal.
Actuación del Celador en relación con los pacientes fallecidos.
Actuación en las salas de autopsias y los mortuorios**

1. Entendemos por psiquiatría:

a) Una rama de la medicina.
b) La parte de la medicina que tiene por objeto el estudio y prevención de las enfermedades mentales.
c) Una parte de la medicina que tiene por objeto el diagnóstico y tratamiento de las enfermedades mentales.
d) Todas son ciertas.

2. En las unidades de hospitalización psiquiátrica no se dedican a:

a) Desintoxicación.
b) Evaluación y progreso diagnóstico.
c) Reinserción social.
d) Fracaso de tratamientos ambulatorios.

3. La finalidad de los centros día en salud mental es:

a) La recuperación de habilidades para integrarse en la sociedad.
b) La desintoxicación de drogas de abuso.
c) La integración y terapia familiar.
d) Todas son ciertas.

4. El trastorno depresivo mayor en salud mental se caracteriza por:

a) Preocupación, autocrítica y pensamientos de autodevaluación.
b) La falta de energía, sobre todo en hombres.

c) Está caracterizado por uno o más episodios depresivos mayores.
d) Episodios de delirios, alucinaciones y TCA.

5. El lenguaje demasiado bajo se denomina:

a) Musitación.
b) Coprolalia.
c) Dislalia.
d) Logorrea.

6. La esquizofrenia:

a) Es una psicosis de inicio precoz.
b) Presenta formas de lenguaje peculiares.
c) No se conoce su etiología.
d) Todas son ciertas.

7. Es falso que las demencias:

a) Se caracterizan por el deterioro de la memoria.
b) Es un síndrome adquirido.
c) Se desconoce su etiología.
d) Es más frecuente en mujeres.

8. La enfermedad de Pick es:

a) Una demencia que aparece en personas de mediana edad.
b) Un trastorno compulsivo que aparece en la adolescencia.
c) Una alteración de la memoria secundaria a una alteración vascular.
d) Ninguna es cierta.

9. Entre las funciones del celador en relación con el enfermo mental encontramos:

a) Ayudar al aseo personal de los pacientes que lo precisen.
b) Favorecer el descanso nocturno.
c) Controlar el accedo y la circulación de personas por la unidad.
d) Todas son ciertas.

10. El miedo irracional a los espacios abiertos se denomina:

a) Claustrofobia.
b) Dismorfobia.
c) Agorafobia.
d) Eritrofobia.

11. Es una función exclusiva del celador con los pacientes fallecidos:

a) El traslado de los cadáveres al mortuorio.
b) El amortajamiento.
c) El aseo del paciente.
d) Todas son funciones exclusivas del celador.

12. Los ojos y la boca del cadáver:

a) Deben ser cerrados.
b) Deben dejarse como están.
c) Debe permanecer abiertos.
d) Deben sellarse con sutura.

13. Si el paciente va a estar unos días en el depósito de cadáveres se aconseja una temperatura de:

a) 4 ºC.
b) 10 ºC.
c) 0 ºC.
d) 21 ºC.

14. La superficie de las áreas de disección en la actualidad es de:

a) Cerámica.
b) Acero inoxidable.
c) Porcelana.
d) Cualquiera de los anteriores.

15. La intervención que se realiza en un cadáver para examinar sus órganos se denomina:

a) Necropsia.
b) *Exitus*.
c) Embalsamamiento.
d) Tanatopraxia.

16. Un enterótomo es un instrumento que no se utiliza para la disección de:

a) Estómago.
b) Tráquea.
c) Huesos.
d) Intestinos.

17. La mesa de autopsias debe medir:

a) 2,10 por 0,75 m.
b) 2,10 por 0,90 m.
c) 1,90 por 0,75 m.
d) 2,10 por 2,10 m.

18. La autopsia clínica tiene como fin:

a) Determinar las circunstancias de la muerte del fallecido.
b) Realizar un informe para la autoridad judicial.
c) Estudiar las alteraciones morfológicas de órganos y tejidos a causa de la enfermedad.
d) Analizar restos humanos encontrados en extrañas circunstancias.

19. Indique en qué cadáver, según la causa de fallecimiento, podría prohibirse las técnicas de tanatopraxia, tanatoestética y/o tanatoplastia. Personas cuya defunción se deba a:

a) Rabia.
b) Neumonía.
c) Cáncer.
d) Infarto.

20. ¿Cuándo está indicada la autopsia clínica?

a) Muertes ocurridas en las primeras 24 horas tras el ingreso en un hospital.
b) Cadáveres no identificados.
c) Muerte de pacientes por procedimientos clínicos-quirúrgicos.
d) Para elaborar un informe forense.

En MADTEST tienes **más preguntas de este tema** y todos tus avances quedan registrados y se reflejan en el ranking.

¡Supera tus límites con MADTEST!

Solución al test n.º 15

1. d) Todas son ciertas.

2. c) Reinserción social.

3. a) La recuperación de habilidades para integrarse en la sociedad.

4. c) Está caracterizado por uno o más episodios depresivos mayores.

5. a) Musitación.

6. d) Todas son ciertas.

7. c) Se desconoce su etiología.

8. a) Una demencia que aparece en personas de mediana edad.

9. d) Todas son ciertas.

10. c) Agorafobia.

11. a) El traslado de los cadáveres al mortuorio.

12. a) Deben ser cerrados.

13. a) 4 ºC.

14. b) Acero inoxidable.

15. a) Necropsia.

16. d) Intestinos.

17. a) 2,10 por 0,75 m.

18. c) Estudiar las alteraciones morfológicas de órganos y tejidos a causa de la enfermedad.

19. a) Rabia.

20. a) Muertes ocurridas en las primeras 24 horas tras el ingreso en un hospital.

TEST N.º 16

La organización de los Servicios de Urgencias. La actuación del Celador en los Servicios de Urgencias. Conocimientos básicos de primeros auxilios. El transporte del enfermo en ambulancias

1. Los dispositivos de urgencias sanitarias garantizan a los usuarios del Sistema Sanitario Público una atención continuada, y para ello:

a) Tratan todo tipo de procesos.
b) Traslada a todos los pacientes al ambulatorio más cercano para su tratamiento.
c) Garantizan a los usuarios una atención sanitaria durante las 24 horas del día.
d) No tienen en cuenta la gravedad del paciente para su asistencia.

2. De las siguientes afirmaciones, ¿cuál de ellas expresa alguna característica propia del término «emergencia»?

a) Es un tipo agravado de urgencia en la que existe un peligro inmediato, real o potencial, para la vida del paciente.
b) Existe peligro de secuelas para el paciente.
c) Suceso que provoca en el organismo una lesión y es de forma fortuita.
d) Suceso que altera el orden normal de las cosas y provoca una gran necesidad de asistencia sanitaria.

3. Se considera «emergencia» a aquella situación que:

a) Supone una pérdida de calidad de vida para la persona y debe ser atendida de forma preferente.
b) Es percibida como tal por el usuario.
c) Supone una amenaza inmediata para la vida o salud de la persona.
d) Es definida como tal por Atención Primaria.

4. De los siguientes uno No es un Servicio de Urgencias y Emergencias Sanitarias; señálalo:

a) SAMU.
b) 091.

c) 112.
d) SOS emergencias.

5. Las Unidades de Urgencias de los Hospitales Generales y Especialidades prestan asistencia:

a) Ambulatoria.
b) Domiciliaria.
c) Especializada.
d) Básica.

6. Un hospital que oferte un servicio de urgencias poco especializado se incluirá en el nivel:

a) 0.
b) 1.
c) 2.
d) 3.

7. Señala cuál de las siguientes no es una zona diferenciada de la unidad de urgencias:

a) Área de admisión de familiares.
b) Área de boxes.
c) Área de observación.
d) Área de emergencias.

8. Dentro del equipamiento del que está dotado un servicio de Urgencias no se encuentra/n:

a) Equipos para cateterización uretral.
b) Torniquetes y material para clampajes vasculares.
c) Instrumental de cirugía mayor.
d) Equipos de atención obstétrica urgente.

9. El Plan de Urgencias debe incluir una descripción detallada de la unidad y no incluye:

a) Organigrama.
b) Historia clínica.
c) Circuito administrativo y asistencial.
d) Protocolo de todo tipo de asistencia sanitaria.

10. La asistencia continuada de urgencias se prestará por el personal del Equipo de AP de la Zona de Salud en:

a) Domicilio.
b) Hospital.

c) Centro de salud.
d) Las respuestas a) y c) son correctas.

11. ¿Cómo se denomina la hemorragia que presenta un accidentado por un traumatismo que sangra por el oído?

a) Otorragia.
b) Epistaxis.
c) Metrorragia.
d) Hemartros.

12. ¿Qué tipo de herida es grave, compleja, de grandes trayectorias, que puede originar la muerte, no solo por la lesión principal, sino por las asociadas?

a) Por asta de toro.
b) Por mordeduras.
c) Por armas de fuego.
d) Por aplastamiento.

13. El tipo de fractura, propia en los niños, consistente en una rotura en donde las partes no pierden el contacto se denomina:

a) Completa.
b) En tallo verde.
c) Brote.
d) Cápsula.

14. ¿Qué tipo de quemadura es aquella en la que se ve afectada toda la epidermis y parte de la dermis, aparece enrojecimiento y flictenas o ampollas muy dolorosas, observándose bajo las ampollas la piel sonrosada e hiperémica?

a) De primer grado.
b) De segundo grado superficial.
c) De segundo grado profunda.
d) De tercer grado.

15. ¿Cómo se denomina el tipo de epilepsia en el que hay convulsiones como episodios cortos y poco serios en los que se altera la conciencia?

a) Gran mal.
b) Epilepsia mayor.
c) Epilepsia idiopática.
d) Pequeño mal.

16. En los/las niños/as las técnicas de RCP se inician con:

a) 30 compresiones.
b) 2 ventilaciones.
c) 5 ventilaciones.
d) 15 compresiones.

17. La realización de la RCP en niños/as debe hacerse con el/la niño/a:

a) En PLS.
b) En decúbito prono sobre una superficie dura.
c) En decúbito supino sobre una superficie dura.
d) En la posición en la que nos encontramos al paciente evitando la movilización.

18. Para mantener abierta la vía aérea en un lactante la posición de la cabeza debe ser:

a) En hiperextensión.
b) En posición neutra.
c) En hipoextensión.
d) Solo se mantendrá abierta con una cánula orofaríngea.

19. Según el estilo Utstein una PC es:

a) El cese de la actividad mecánica cardiaca, confirmado por la ausencia de pulso detectable, inconsciencia y apnea.
b) La ausencia de la respiración con presencia de actividad cardiaca.
c) La ausencia de respuesta por parte del paciente.
d) El acto de intentar lograr la restauración de la circulación espontánea.

20. No es un ritmo desfibrilable:

a) Fibrilación ventricular.
b) Taquicardia ventricular sin pulso.
c) Asistolia.
d) Todos son ritmos desfibrilables.

En MADTEST tienes **más preguntas de este tema** y todos tus avances quedan registrados y se reflejan en el ranking.

¡Supera tus límites con MADTEST!

Solución al test n.º 16

1. c) Garantizan a los usuarios una atención sanitaria durante las 24 horas del día.

2. a) Es un tipo agravado de urgencia en la que existe un peligro inmediato, real o potencial, para la vida del paciente.

3. c) Supone una amenaza inmediata para la vida o salud de la persona.

4. b) 091.

5. c) Especializada.

6. b) 1.

7. a) Área de admisión familiares.

8. c) Instrumental de cirugía mayor.

9. d) Protocolo de todo tipo de asistencia sanitaria.

10. d) Las respuestas a) y c) son correctas.

11. a) Otorragia.

12. a) Por asta de toro.

13. b) En tallo verde.

14. b) De segundo grado superficial.

15. d) Pequeño mal.

16. c) 5 ventilaciones.

17. c) En decúbito supino sobre una superficie dura.

18. b) En posición neutra.

19. a) El cese de la actividad mecánica cardiaca, confirmado por la ausencia de pulso detectable, inconsciencia y apnea.

20. c) Asistolia.

TEST N.º 17

Los suministros. Suministros internos y externos. Recepción y almacenamiento de mercancías. Organización del almacén. Distribución de pedidos

1. Los controles de stock se refieren:

a) Al material almacenable.
b) Al material no almacenable.
c) Al material almacenable y no almacenable.
d) Son iguales a los controles que se hacen diariamente de los albaranes.

2. Según Pareto un 20 % de los pedidos va a representar de las existencias un porcentaje del:

a) 30 %.
b) 50 %.
c) 65 %.
d) 80 %.

3. ¿Cuál de estos almacenes encaja como almacén de materiales para el funcionamiento del Centro Sanitario?

a) Almacén de material clínico fungible.
b) Almacén de papelería.
c) Almacén de lencería.
d) Almacén de farmacia.

4. El almacén de farmacia pertenece a los almacenes de:

a) Materiales de uso relacionado directamente con los enfermos.
b) Materiales de terapias.
c) Materiales para el funcionamiento del centro sanitario.
d) Materiales de diagnóstico.

5. ¿Qué simbología del código de barras es de las más empleadas a nivel internacional como símbolo de número de artículo?

a) ASCII.
b) EAN.

c) RIN.
d) RAN.

6. Todo lo que se expone sobre los códigos de barras es cierto, excepto:

a) Son sencillamente unas etiquetas con un número determinado de barras negras inscritas en ellas.
b) Cada barra tiene la posibilidad de representar un dígito particular de acuerdo con su posición en el código total.
c) Si el dígito está representado la barra es ancha; si el dígito no está presente la barra es fina.
d) Representan datos en una forma legible a simple vista y nunca por las máquinas.

7. Un celador destinado en el almacén de farmacia es requerido por un médico para que le suministre un analgésico. ¿Cuál debe ser su actuación?

a) Pasará la notificación al farmacéutico responsable.
b) Se lo dará, notificándolo posteriormente al farmacéutico responsable.
c) Se lo negará y avisará al jefe de personal subalterno.
d) Se lo dará, pero se lo comunicará a la Supervisora de guardia.

8. Señale la respuesta incorrecta en cuanto a la clasificación de Pareto:

a) Los artículos del tipo A serían aquellos que más se utilizan.
b) Los de clase B tendrían un consumo intermedio.
c) Los artículos del tipo A serían aquellos que se consumen menos y, como es lógico, tendrían una sustitución o rotación más lenta y se almacenarían en los lugares menos accesibles del almacén.
d) Los artículos del tipo A se guardarán en los lugares más próximos y de fácil acceso.

9. ¿Qué significa FIFO?

a) Five in, five off.
b) Fine in, fine over.
c) First in, first out.
d) Flirt ink, flirt on.

10. Señale cuál de las siguientes no es una fase de la tarea de suministro:

a) Revisión de ofertas.
b) Petición de material.
c) Gestión de stock.
d) Control económico.

11. El objeto último de los almacenes es:

a) Satisfacer las necesidades de los servicios.
b) Mantener los suministros del centro custodiados.
c) La custodia de los pedidos.
d) La distribución de pedidos.

12. La clasificación de Pareto ordena los artículos en clases A, B y C. Los artículos del tipo A son aquellos que:

a) Tendrían un consumo intermedio.
b) Más se utilizan y, por tanto, se guardan en los lugares más próximos y de fácil acceso.
c) Se consumen menos.
d) Son frágiles.

13. El criterio de valoración de mercancías denominado FIFO hace referencia a:

a) Primero en entrar, último en salir.
b) Último en entrar, primero en salir.
c) Primero en entrar, primero en salir.
d) Ninguna es correcta.

14. La actividad que hace referencia al conjunto de tareas cuya finalidad es aprovisionar de materiales al almacén y a los servicios sanitarios, se denomina:

a) Suministro.
b) Almacenaje.
c) Procedimiento administrativo de contratación.
d) Control de gestión.

15. Según la clasificación de Pareto, ¿qué artículos serán los que se consumen menos y, como es lógico, tendrán una sustitución o rotación más lenta y se almacenarán en los lugares menos accesibles del almacén?

a) Los de clase «A».
b) Los de clase «B».
c) Los de clase «C».
d) Tanto los de clase «B» como los de clase «C».

16. Para poder controlar las existencias de un almacén, desde el punto de vista logístico, se necesita conocer:

a) La ubicación de las mercancías en el interior del almacén.
b) El número de entradas de mercancías.
c) El número de salidas de mercancías.
d) El diseño arquitectónico del local y sus detalles.

17. El inventario que requiere un recuento sistemático de las existencias durante todo el ejercicio con el fin de determinar el número de veces que se consume y se repone la mercancía a lo largo del año se denomina:

a) Inventario tradicional.
b) Inventario innovador.
c) Inventario rotativo.
d) Inventario valorativo.

18. Las tareas encaminadas a proveer desde el almacén a las distintas unidades o servicios de una institución sanitaria del material necesario para poder llevar a cabo la actividad asistencial encomendada, se denomina:

a) Suministros generales.
b) Suministros internos.
c) Suministros externos.
d) Suministros urgentes.

19. ¿Cuál es la finalidad del almacén en una institución sanitaria?

a) Controlar la entrada y salida de personal sanitario.
b) Garantizar el aprovisionamiento de las distintas Unidades y Servicios en todo momento y a un coste razonable.
c) Registrar únicamente los productos sanitarios que entran y salen del hospital.
d) Todas son correctas.

20. Según la clasificación de Pareto, ¿qué tipo de artículos se utilizan con mayor frecuencia en los hospitales?

a) Artículos de clase "A".
b) Artículos de clase "B".
c) Artículos de clase "C".
d) Artículos de clase "D".

En MADTEST tienes **más preguntas de este tema** y todos tus avances quedan registrados y se reflejan en el ranking.

¡Supera tus límites con MADTEST!

Solución al test n.º 17

1. a) Al material almacenable.

2. d) 80 %.

3. b) Almacén de papelería.

4. a) Materiales de uso relacionado directamente con los enfermos.

5. b) EAN.

6. d) Representan datos en una forma legible a simple vista y nunca por las máquinas.

7. a) Pasará la notificación al farmacéutico responsable.

8. c) Los artículos del tipo A serían aquellos que se consumen menos y, como es lógico, tendrían una sustitución o rotación más lenta y se almacenarían en los lugares menos accesibles del almacén.

9. c) First in, first out.

10. a) Revisión de ofertas.

11. d) La distribución de pedidos.

12. b) Más se utilizan y, por tanto, se guardan en los lugares más próximos y de fácil acceso.

13. c) Primero en entrar, primero en salir.

14. a) Suministro.

15. c) Los de clase «C».

16. a) La ubicación de las mercancías en el interior del almacén.

17. c) Inventario rotativo.

18. b) Suministros internos.

19. b) Garantizar el aprovisionamiento de las distintas Unidades y Servicios en todo momento y a un coste razonable.

20. a) Artículos de clase "A".

TEST N.º 18

El Servicio de Farmacia. El Servicio de Lavandería. La esterilización. Los laboratorios hospitalarios. Traslado de muestras biológicas

1. ¿De quién depende el Servicio de Farmacia que existe en la mayoría de los Hospitales?

a) De la Gerencia.
b) De la Dirección Médica.
c) De la Dirección de Gestión y Servicios Generales.
d) De la División de Enfermería.

2. ¿Cómo se denomina a toda materia, cualquiera que sea su origen a la que se atribuye una actividad apropiada para constituir un medicamento?

a) Excipiente.
b) Principio activo.
c) Fórmula magistral.
d) Premezcla.

3. ¿Qué nombre recibe la disposición a que se adaptan los principios activos y excipientes para constituir un medicamento?

a) Forma magistral.
b) Forma excepcional.
c) Forma copérnica.
d) Forma farmacéutica.

4. Señala cuál de las siguientes no es una de las características mínimas que ha de reunir la zona estéril del Área de citostáticos:

a) Ha de contar con una campana de flujo laminar vertical.
b) Debe disponer de una habitación separada con presión positiva.
c) No ha de tener recirculación de aire ni aire acondicionado ambiental.
d) Debe contar con un área o zona aislada físicamente del resto del servicio en la que no se realicen otras operaciones.

5. Aquel medicamento elaborado y garantizado por un farmacéutico o bajo su dirección, dispensado en una oficina de farmacia o servicio farmacéutico, enumerado y descrito por el Formulario, se denomina preparado o fórmula:

a) Oficinal.
b) Magistral.
c) Medicinal.
d) Oficial.

6. Señala cuál de las siguientes no es una de las actividades que se realizan en un servicio de farmacia:

a) Adquisición de determinados medicamentos, material de curas o productos.
b) Control y dispensación de medicamentos extranjeros.
c) Establecimiento de sistemas de información para control de consumos, gastos y costos.
d) Control y dispensación de estupefacientes y psicótropos.

7. Actualmente, en los Hospitales, el suministro de medicamentos desde el Servicio de Farmacia se realiza mediante la fórmula o método:

a) Tradicional.
b) De "unidosis" o dosis única.
c) De dosis diarias.
d) De dosis semanales.

8. Señala cuál de las siguientes no es una de las características mínimas que ha de reunir la zona estéril del Área de citostáticos:

a) Ha de contar con una campana de flujo laminar vertical.
b) Debe disponer de una habitación separada con presión positiva.
c) No ha de tener recirculación de aire ni aire acondicionado ambiental.
d) Debe contar con un área o zona aislada físicamente del resto del servicio en la que no se realicen otras operaciones.

9. ¿Durante cuánto tiempo habrá de lavarse con agua y jabón la zona de la piel afectada por contacto directo con un agente citostático?

a) Durante cinco minutos, con agua, jabón y lejía rebajada con agua.
b) Durante cinco minutos, con agua y jabón.
c) Durante unos 10 minutos.
d) Durante unos 15 minutos.

10. ¿Cómo se denomina la actividad de salud pública que tiene por objetivo la identificación, cuantificación, evaluación y prevención de los riesgos del uso de los medicamentos una vez comercializados, permitiendo así el seguimiento de los posibles efectos adversos de los medicamentos:

a) Farmacovigilancia.
b) Farmacontrol.
c) Farmacoterapia.
d) Farmacosupervisión.

11. ¿A qué presión irá el autoclave (en atmósferas) como medio de esterilización de material si se utiliza a 120 ºC?

a) 1 atmósfera.
b) 2 atmósferas.
c) 3 atmósferas.
d) 4 atmósferas.

12. ¿Cuál de las siguientes ventajas e inconvenientes del autoclave es falsa?

a) Es un medio de esterilizar barato, sencillo, rápido y eficaz.
b) Es aplicable a una gran gama de materiales.
c) Las altas temperaturas de la técnica desestructura el material.
d) Son correctas todas las respuestas anteriores.

13. ¿Qué material de estos no puede esterilizarse en autoclave?

a) Guantes de goma.
b) Bateas metálicas.
c) Ropa.
d) Envase de medios de cultivo.

14. ¿En cuál de estas técnicas de esterilización no son utilizados los métodos químicos?

a) En óxido de etileno.
b) En glutaraldehído.
c) En formol.
d) En el flameado.

15. ¿Qué área del hospital es el mayor cliente del Servicio de esterilización?

a) Área de celadores.
b) Área quirúrgica.
c) Área pediátrica.
d) Área de Medicina Interna.

16. ¿Qué riesgo específico lo incluirías como químico en el servicio de esterilización?

a) Eczema por utilizar determinados productos químicos.
b) Quemaduras en autoclave.
c) Descarga eléctrica.
d) Lesión muscular por levantamiento de peso.

17. ¿Cuál es la función principal de la zona de clasificación en el servicio de lavandería?

a) Lavar y secar la ropa del hospital.
b) Clasificar la ropa sucia según su tipo antes del lavado.
c) Planchado y distribución de la ropa limpia.
d) Desinfectar la ropa antes de enviarla a los servicios hospitalarios.

18. ¿Cuál de los siguientes sistemas de lavado se utiliza para grandes volúmenes de ropa en hospitales?

a) Lavado discontinuo.
b) Lavado manual.
c) Túnel de lavado o sistema continuo.
d) Lavado con agua fría exclusivamente.

19. ¿Cuál de las siguientes funciones corresponde al celador en el servicio de lavandería?

a) Ajustar los programas de lavado en las máquinas.
b) Clasificar los detergentes y productos químicos utilizados.
c) Cargar, descargar y distribuir la ropa en los medios de transporte adecuados.
d) Supervisar el funcionamiento del sistema automático de lavado.

20. ¿Cuál de las siguientes acciones forma parte del trabajo del celador en el traslado de muestras biológicas?

a) Transportar las muestras en los bolsillos para mayor comodidad.
b) Verificar la correcta identificación de las muestras y su sellado.
c) Manipular las muestras sin guantes para mayor rapidez.
d) Almacenar las muestras en cualquier lugar hasta que puedan ser analizadas.

En MADTEST tienes **más preguntas de este tema** y todos tus avances quedan registrados y se reflejan en el ranking.

¡Supera tus límites con MADTEST!

Solución al test n.º 18

1. b) De la Dirección Médica.

2. b) Principio activo.

3. d) Forma farmacéutica.

4. b) Debe disponer de una habitación separada con presión positiva.

5. a) Oficinal.

6. a) Adquisición de determinados medicamentos, material de curas o productos.

7. b) De "unidosis" o dosis única.

8. b) Debe disponer de una habitación separada con presión positiva.

9. c) Durante unos 10 minutos.

10. a) Farmacovigilancia.

11. a) 1 atmósfera.

12. d) Son correctas todas las respuestas anteriores.

13. a) Guantes de goma.

14. d) En el flameado.

15. b) Área quirúrgica.

16. a) Eczema por utilizar determinados productos químicos.

17. b) Clasificar la ropa sucia según su tipo antes del lavado.

18. c) Túnel de lavado o sistema continuo.

19. c) Cargar, descargar y distribuir la ropa en los medios de transporte adecuados.

20. b) Verificar la correcta identificación de las muestras y su sellado.

TEST N.º 19

Plan de emergencias. Medidas preventivas. Conceptos básicos. Medios técnicos de protección. Equipos de Primera Intervención (EPI), sus funciones. Actuaciones a realizar

1. La distribución de los extintores de incendio será tal que el recorrido máximo horizontal, desde cualquier punto del sector de incendio, que deba ser considerado origen de evacuación, hasta el extintor, no supere:

a) 30 m.
b) 20 m.
c) 15 m.
d) 10 m.

2. Según la norma UNE-EN 2, ¿qué clase de agente extintor debemos utilizar en los fuegos derivados de la utilización de ingredientes para cocinar (aceites y grasas vegetales o animales) en los aparatos de cocina?

a) Clase F.
b) Clase B.
c) Clase C.
d) Clase A.

3. Los extintores móviles están diseñados para ser transportados y accionados a mano, están montados sobre ruedas y tienen una masa total de:

a) 20 kg.
b) Inferior a 20 kg.
c) Más de 20 kg.
d) Igual o inferior a 20 kg.

4. Señala la respuesta correcta respecto de los sistemas de bocas de incendio equipadas (BIE):

a) Se situarán siempre a una distancia máxima de 5 m de las salidas del sector de incendio, medida sobre un recorrido de evacuación, sin que constituyan obstáculo para su utilización.

b) Para las BIE con manguera semirrígida o manguera plana, la separación máxima entre cada BIE y su más cercana será de 30 m.

c) Para facilitar su manejo, la longitud máxima de la manguera de las BIE con manguera plana será de 30 m y con manguera semirrígida será de 20 m.

d) La longitud máxima de las mangueras que se utilicen en estas BIE de alta presión será de 50 m.

5. A la hora de hacer uso de un extintor de incendios portátil debemos:

a) Dirigir el chorro a las llamas, nunca a su base.

b) En caso de espacios abiertos acercarse al fuego en la dirección contraria del viento.

c) Antes de dirigir el chorro a la zona en llamas, realizar una pequeña descarga de comprobación de salida del agente extintor.

d) Acercarse al fuego dejando como mínimo cinco metros de distancia hasta él.

6. ¿A quién corresponde elegir el método de traslado de los enfermos?

a) Al personal de extinción de incendios.

b) Al o a la supervisor/a de la Unidad, en todo caso.

c) Al facultativo responsable de la Unidad.

d) A los/las celadores/as.

7. ¿Cuántos celadores/as para cada montacamas se destinarán para la utilización del mismo desde el interior en caso de alerta?

a) Uno/una.

b) Dos.

c) Tres.

d) Cuatro.

8. ¿Quién designa al director del Plan de Actuación en Emergencias como persona responsable única, con autoridad y capacidad de gestión?

a) La Administración Pública competente para otorgar la licencia o permiso determinante para la explotación o inicio de la actividad.

b) El titular de la actividad.

c) Un técnico especializado en emergencias.

d) El Centro de Coordinación de Atención de Emergencias de Protección Civil.

9. ¿Ante qué tipo de señal nos encontraremos si tiene forma rectangular o cuadrada, con un pictograma blanco sobre fondo verde?

a) Ante una señal de prohibición.
b) Ante una señal de socorro o salvamento.
c) Ante una señal de advertencia.
d) Ante una señal de obligación.

10. ¿Qué método de traslado de enfermos es seguro y confortable para los pacientes pero muy lento y complicado, necesita que las vías de evacuación sean amplias y se necesita un gran esfuerzo físico?

a) Por arrastre directo.
b) Por arrastre por colchón.
c) Por levantamiento.
d) Por arrastre con silla.

11. Aunque pueden formar más de un equipo cuando las circunstancias de amplitud del establecimiento lo requieran (tiempos de intervención demasiado dilatados, etc.), la composición mínima del Equipo de Segunda Intervención debe ser de:

a) Dos personas.
b) Tres personas.
c) Nunca inferior a cinco personas.
d) Al menos seis personas.

12. ¿Mediante qué marcado el fabricante indica que el producto es conforme a todos los requisitos aplicables establecidos en la legislación comunitaria y armonización que prevé su colocación?

a) Marcado UE.
b) Marcado CEE.
c) Marcado EEE.
d) Marcado CE.

13. ¿Ante qué tipo de señal nos encontraremos si tiene forma redonda, con un pictograma negro sobre fondo blanco, bordes y banda rojos?

a) Ante una señal de prohibición.
b) Ante una señal de socorro o salvamento.
c) Ante una señal de advertencia.
d) Ante una señal de obligación.

14. ¿Qué vigencia tendrán los Planes de Autoprotección?

a) Máximo diez años.
b) Cinco años máximo.
c) Tres años.
d) Indeterminada.

15. ¿A quién le corresponde designar en el Plan de Autoprotección a la persona responsable de la gestión de las actuaciones encaminadas a la prevención y el control de riesgos?

a) Al titular de la actividad.
b) A un técnico en la materia.
c) A las autoridades competentes de Protección Civil.
d) A la Administración Pública competente para otorgar la licencia o permiso determinante para la explotación o inicio de la actividad.

16. ¿Cuál es el método para el traslado de los enfermos más rápido, ya que no requiere excesivo esfuerzo y es fácil de aplicar?

a) Por arrastre con silla.
b) Por arrastre directo.
c) Por arrastre por colchón.
d) Por levantamiento.

17. ¿Cuál es el documento que establece el marco orgánico y funcional previsto para un centro, establecimiento, espacio, instalación o dependencia, con el objeto de prevenir y controlar los riesgos sobre las personas y los bienes y dar respuesta adecuada a las posibles situaciones de emergencia, en la zona bajo responsabilidad del titular de la actividad, garantizando la integración de estas actuaciones con el sistema público de protección civil?

a) Plan Específico de Emergencias.
b) Manual de Emergencia.
c) Plan de Autoprotección.
d) Plan de Emergencia.

18. Las señales relativas a los equipos de lucha contra incendios (manguera para incendios, extintor, etc.) tendrán:

a) Forma triangular, con pictograma negro sobre fondo amarillo, bordes negros.
b) Forma redonda, con pictograma negro sobre fondo blanco, bordes y banda rojos.
c) Forma redonda, con pictograma blanco sobre fondo azul.
d) Forma rectangular o cuadrada, con pictograma blanco sobre fondo rojo.

19. ¿Qué método de traslado de enfermos es rápido y bastante confortable para los pacientes pero no se puede utilizar, generalmente, para la evacuación vertical?

a) Por arrastre directo.
b) Por arrastre por colchón.
c) Por levantamiento.
d) Por arrastre con silla.

20. ¿Qué caracteriza a los Equipos de Primera Intervención?

a) Representan la máxima capacidad extintora del establecimiento.
b) Su ámbito de actuación será cualquier punto del establecimiento donde se pueda producir una emergencia de incendio.
c) La actuación de los miembros de este equipo será siempre por parejas.
d) Deben conocer exhaustivamente el plan de emergencia.

En MADTEST tienes **más preguntas de este tema** y todos tus avances quedan registrados y se reflejan en el ranking.

¡Supera tus límites con MADTEST!

Solución al test n.º 19

1. c) 15 m.

2. a) Clase F.

3. c) Más de 20 kg.

4. a) Se situarán siempre a una distancia máxima de 5 m de las salidas del sector de incendio, medida sobre un recorrido de evacuación, sin que constituyan obstáculo para su utilización.

5. c) Antes de dirigir el chorro a la zona en llamas, realizar una pequeña descarga de comprobación de salida del agente extintor.

6. c) Al facultativo responsable de la Unidad.

7. a) Uno/una.

8. b) El titular de la actividad.

9. b) Ante una señal de socorro o salvamento.

10. b) Por arrastre por colchón.

11. b) Tres personas.

12. d) Marcado CE.

13. a) Ante una señal de prohibición.

14. d) Indeterminada.

15. a) Al titular de la actividad.

16. d) Por levantamiento.

17. c) Plan de Autoprotección.

18. d) Forma rectangular o cuadrada, con pictograma blanco sobre fondo rojo.

19. d) Por arrastre con silla.

20. c) La actuación de los miembros de este equipo será siempre por parejas.

Cómo acceder al Curso

Celador/a
Test del temario

El uso de los códigos **es exclusivo de los compradores de los productos de Editorial MAD**. Cada producto posee un código único y de un solo uso. Es personal e intransferible y da acceso a servicios y contenidos adicionales. Editorial MAD se reserva el derecho de hacer cuantas comprobaciones sean necesarias para identificar al legítimo poseedor del código y dejar de dar servicio a quien haga uso fraudulento del mismo, además de emprender cuantas acciones legales estime oportunas según la legislación vigente.

Deberás acceder a:

mad.es/registro-campus

Si una vez aceptadas las condiciones de uso del Campus decides hacer uso del mismo, necesitarás del siguiente código de acceso junto con los códigos del resto de títulos que se exigen (si fuera el caso):

CJTVE5BKWN